소태산대종사와 정산종사
시 문 법 어

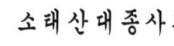 소태산대종사와 정산종사 시 문 법 어　서문 성 엮음

●인 쇄| 2003년 4월 10일 ●발 행| 2003년 4월 15일 ●펴낸곳| 원불교출판사 ●펴낸이| 박 정 기
●570-749 전북 익산시 신룡동 344-2 · (063) 850-3324 ●출판등록| 1967. 7. 1 제7호

●값 8,500원　　●ISBN 89-8076-031-0 03200　＊잘못 만들어진 책은 바꾸어 드립니다.

 소태산대종사와 정산종사 **시 문 법 어**

서문 성 엮음

원불교출판사

Copyright © Semun Sung

소 태산 대종사님의 법문인 《대종경》《대종경 선외록》, 정산종사님의 법문인 《정산종사 법어》《한 울안 한 이치에》에서 한문·시어 법문을 한 자리에 모아 보았습니다.

법문을 공부하면서 어려움도 있었지만 공부에 많은 도움이 되었습니다. 공부를 하는 도중에 막상 책으로 엮고 보니 부족한 점이 있습니다만 대종사님, 정산종사님의 법문을 공부하시는 분들께 조금이나마 도움이 되었으면 하는 바람을 담아 봅니다.

한문 공부가 깊지 못한 엮은이에게 많은 분들의 도움이 있었습니다.
봉산 이종명 교무님, 궁산 오광익 교무님, 양희용 교도님 등께 감사의 인사를 지면으로나마 드립니다.

◉ 서문 성

◉ 목 차 ◉

一. 대종경 한문·시어 법문

1. 사원기일월 (梭圓機日月) ········· 13
2. 정기의이불모기리 (正其義而不謀其利) ········· 16
3. 처세유위귀 (處世柔爲貴) ········· 19
4. 청풍월상시 (淸風月上時) ········· 23
5. 변산구곡로 (邊山九谷路) ········· 25
6. 투천산절정 (透天山絶頂) ········· 27
7. 영천영지영보장생 (永天永地永保長生) ········· 30
8. 만학천봉담래후 (萬壑千峰踏來後) ········· 33
9. 금강현세계 (金剛現世界) ········· 48

二. 대종경 선외록 한문·시어 법문

1. 우주신적기적기 (宇宙神適氣適氣) ········· 53
2. 청산백골위후사 (靑山白骨爲後事) ········· 57
3. 대명국영성소 (大明局靈性巢) ········· 59
4. 헌심영부 (獻心靈父) ········· 61
5. 계명이야분 (鷄鳴而夜分) ········· 63

三. 정산종사 법어 한문·시어 법문

1. 만유화위일 (萬有和爲一) ········· 69
2. 지기훈몽운만리 (地氣薰濛雲萬里) ········· 71
3. 천지영기아심정 (天地靈氣我心定) ········· 73
4. 계산파무울차아 (稽山罷霧鬱嵯峨) ········· 77

5. 사은상생지 (四恩相生地) 80
6. 효천뇌우일성후 (曉天雷雨一聲後) 82
7. 일원지광 (一圓之光) 84
8. 명대실소 (名大實小) 86
9. 기함영지 (氣含靈知) 88
10. 정즉합덕 (靜則合德) 90
11. 수기망념 (修其妄念) 92
12. 귀의불양족존 (歸依佛兩足尊) 94
13. 도기장존사불입 (道氣長存邪不入) 97
14. 심심창해수 (心深滄海水) 100
15. 해유자작 (害由自作) 102
16. 발대원 (發大願) 104
17. 송죽이경설득기절 (松竹以經雪得其節) . 109
18. 방원합도 (方圓合道) 113
19. 양성지본 (養性之本) 115
20. 지성수도덕 (至誠修道德) 117
21. 동정득도 (動靜得度) 119
22. 진실무자기 (眞實無自欺) 121
23. 염념무념 (念念無念) 122
24. 수도양덕 (修道養德) 124
25. 재가출가 (在家出家) 127
26. 염불수행 (念佛修行) 130
27. 신위만선지본 (信爲萬善之本) 132
28. 법신원청정 (法身元清淨) 133
29. 만화성원 (萬和成圓) 137
30. 수륙공 (水陸空) 139

31. 불생불멸 (不生不滅) ·· 142
32. 유대보언 (有大寶焉) ·· 144
33. 유위위무위 (有爲爲無爲) ·· 146
34. 상지이신의위보 (上智以信義爲寶) ····························· 148
35. 요제임천 (潦霽任天) ·· 151
36. 제월광풍 (霽月光風) ·· 154
37. 사필귀정 (事必歸正) ·· 156
38. 구시화문 (口是禍門) ·· 157
39. 천불강부작지복 (天不降不作之福) ····························· 158
40. 숙병자해시 (宿病自解時) ·· 159
41. 경륜통우주 (經綸通宇宙) ·· 161
42. 도덕재천지 (道德在天地) ·· 163
43. 군심경순유덕자 (群心竟順有德者) ····························· 165
44. 이고득락 (離苦得樂) ·· 166
45. 이욕발심왈서원 (離慾發心曰誓願) ····························· 168
46. 구업일상 (舊業日償) ·· 170
47. 서원성불제중 (誓願成佛濟衆) ····································· 173
48. 공적영지시자성 (空寂靈知是自性) ····························· 175
49. 인간고락원무실 (人間苦樂元無實) ····························· 177
50. 도덕천하위일가 (道德天下爲一家) ····························· 178
51. 양류천사록 (楊柳千絲綠) ·· 180
52. 교재정비 (敎材整備) ·· 182

四. 한 울안 한 이치에 한문·시어 법문

1. 남풍지훈혜 (南風之薰兮) ·· 187
2. 인일시지고 (忍一時之苦) ·· 191

3. 영고성쇠(榮枯盛衰) ……………………………… 192
4. 목무소견무분별(目無所見無分別) ……………… 193
5. 공이망공(功而忘功) ……………………………… 195
6. 금옥비보양신보(金玉非寶兩臣寶) ……………… 197
7. 여천지합기덕(與天地合其德) …………………… 199
8. 각어만법귀일(覺於萬法歸一) …………………… 201
9. 수어선악분별(修於善惡分別) …………………… 203
10. 여산연우절강조(廬山烟雨浙江潮) ……………… 205
11. 미혜미혜종념미(美兮美兮終念美) ……………… 208
12. 천용우로지박(天用雨露之薄) …………………… 210
13. 천지무심성화(天地無心成化) …………………… 213
14. 입홍서원(立弘誓願) ……………………………… 215
15. 대인(大人) ………………………………………… 217
16. 입지여산(立志如山) ……………………………… 218
17. 지병망병병자멸(知病忘病病自滅) ……………… 220
18. 도철덕지(道天德地) ……………………………… 222
19. 불법대해(佛法大海) ……………………………… 225
20. 삼난지신(三難之身) ……………………………… 227
21. 심진화만상(心眞和萬像) ………………………… 230
22. 대관여수(大觀如水) ……………………………… 231
23. 불식지위성(不息之爲誠) ………………………… 232
24. 정리건곤대(靜裡乾坤大) ………………………… 233
25. 산불이속속이산(山不離俗俗離山) ……………… 235
26. 성가지자(成家之子) ……………………………… 237
27. 불탐야식금은기(不貪夜識金銀氣) ……………… 238
28. 완전송추허부이당래사(完田宋樞許付以當來事) … 242

一. 대종경 한문·시어 법문

●**대종경(大宗經)**
소태산 대종사의 일생 일대의 언행을 기록한 경전.
소태산 대종사가 법회석상에서나 또는 사람들을 대하여 설한 법문을 당대의 제자들이 기록한 것을 종합·편찬하여 1962년(원기47년)에 발행하였다.
대종경에는 소태산 대종사의 인품·사상·생애·포부 등이 나타나 있으며 15품 547장의 법문으로 구성되어 있다.

●**소태산 대종사**
소태산 대종사는 1891년 전라남도 영광에서 탄생하셨다. 어려서부터 자연현상과 인생에 대하여 깊은 의문을 품고 구도 고행 끝에 1916년 4월 28일에 깨달음을 얻었다.
소태산 대종사는「물질이 개벽되니 정신을 개벽하자」라는 표어 아래 원불교를 창시, 28년간 중생 교화에 헌신하다 열반하였다. 성(姓)은 박(朴)씨이며, 이름은 중빈(重彬) 호(號)는 소태산(少太山)이고, 대종사(大宗師)는 원불교에서 부르는 존칭이다.

사원기일월(梭圓機日月)

길룡리 옥녀봉(玉女峰) 아래에 이 회상 최초의 교당을 건축할 때, 대종사 그 상량에 쓰시기를 '梭圓機日月(**사원기일월**) 織春秋法呂(**직춘추법려**)'라 하시고, 또 그 아래에 쓰시기를 '松收萬木餘春立(**송수만목여춘립**) 溪合千峰細雨鳴(**계합천봉세우명**)'이라 하시니라.

《대종경》서품 12장

梭圓機日月　　織春秋法呂
사 원 기 일 월　　직 춘 추 법 려

松收萬木餘春立　　溪合千峰細雨鳴
송 수 만 목 여 춘 립　　계 합 천 봉 세 우 명

● 단어 · 숙어 ●

- 梭(사) : 베짜는 북
- 機(기) : 베틀
- 法(법) : 법 · 이치
- 松(송) : 소나무
- 收(수) : 거두다
- 餘(여) : 나머지
- 織(직) : 베를 짜다
- 秋(추) : 가을
- 呂(려) : 음양(陰陽)의 음률
- 溪(계) : 시내
- 細(세) : 가늘다
- 峰(봉) : 봉우리

· 鳴(명) : 울다

· 圓機(원기) : 일원상의 진리. 천지 우주의 이치.
· 日月(일월) : 해와 달. 세월.
· 春秋(춘추) : 봄과 가을. 나이. 세월. 봄·여름·가을·겨울이 순환하는 무궁하고 영원한 세월.
· 法呂(법려) : 이치에 따른 법도. 음률(音律).
· 細雨(세우) : 가는 비. 가랑비.

두렷한 기틀에 해와 달이 북질하며,
춘추의 법을 짜낸다.
소나무는 온갖 나무의 남은 봄을 거두어 서 있고,
시냇물은 일천 봉우리의 가는 비를 합하여 운다.

우주에 충만하고 두렷한 한 기운
그 틀 속에 일월이 대명하여 주야를 변천시키고
춘하추동으로 사시순환하여 영원히 지속된다.
푸른 소나무는 백초(百草)가 시든 뒤에도
홀로 우뚝 솟아 있고〈常住不滅〉
산골 시냇물은 봉우리 가랑비를 한데 모아 흘러간다〈萬法歸一〉

◉ 註 ◉

· 길룡리(吉龍里) : 소태산 대종사가 태어난 전라남도 영광군 백수읍 길룡리로 영촌, 잠실, 구호동, 범현동 등의 마을이 이에 속한다.

· **옥녀봉(玉女峰)** : 소태산 대종사가 태어난 영촌마을에 있는 산으로 옥녀봉은 법인기도 당시 기도를 올렸던 봉우리 중 하나이며 옥녀가 단장하고 성현을 기다리는 모습이라 이름하는 봉우리이다.

옥녀란 말은 몸과 마음이 옥과 같이 깨끗한 여자, 또는 선녀라는 뜻으로 우리나라에 3,000 여개가 넘을 정도로 많은 봉우리의 이름이다.

· **최초의 교당** : 일명 구간도실. 1918년(원기3년) 방언공사 도중에 건축하여 그 해 12월에 준공되었다. 소태산 대종사와 9인 제자들의 집회장소· 기도장소· 방언공사 현장사무소 등으로 사용되었다가 1923년(원기8년)에 이르러 현 영산원으로 옮겨졌다.

· **상량(上樑)** : 집을 지을 때에 기둥에 보를 얹고 그 위에 마룻대를 올려 놓은 것.

· **상량문** : 상량을 축원하는 글.

◉ 梭圓機日月 織春秋法呂는 무슨 뜻입니까?
☞ 두렷한 기틀에 일월이 북질하여 춘추법려(春秋法呂)를 짜낸다는 것인데, 여기 두렷한 기틀은 천지우주요, 일월은 해와 달이다. 춘추법려는 우주의 봄·여름·가을·겨울이다. 이 우주에 일월이 왕래하여 사시가 짜여져 간다는 의미와 아울러 그를 본받아 성현이 인간의 법도를 짠다는 의미도 포함되어 있다. 봄에는 봄의 법이 있고, 가을에는 가을의 법이 있다.

《한 울안 한 이치에》

◉ 松收萬木餘春立 溪合千峰細雨鳴은 무슨 뜻입니까?
☞ 송수만목여춘립은 진리는 상주불멸(常住不滅)이라는 뜻이요, 계합천봉세우명은 진리의 만법귀일(萬法歸一)을 의미한 것이다.

남에게 진리를 가르칠 때에는 이미 해석을 해주면 얇으니 의심을 걸게 하라. 내가 너에게 물어 볼 것을 네가 나에게 물어 보느냐?

《한 울안 한 이치에》

정기의이불모기리
(正其義而不謀其利)

> 대종사 '그 의(義)만 바루고 그 이(利)를 도모하지 아니하며, 그 도만 밝히고 그 공을 계교하지 아니한다(正其義而不謀其利 明其道而不計其功)' 한 동중서(董仲舒)의 글을 보시고 칭찬하신 후 그 끝에 한 귀씩 더 붙이시기를 '그 의만 바루고 그 이를 도모하지 아니하면 큰 이가 돌아오고, 그 도만 밝히고 그 공을 계교하지 아니하면 큰 공이 돌아오나니라(正其義而不謀其利大利生焉 明其道而不計其功大功生焉)' 하시니라.
>
> 《대종경》 인도품 7장

正其義而不謀其利
정 기 의 이 불 모 기 리

明其道而不計其功
명 기 도 이 불 계 기 공   (동중서)

正其義而不謀其利大利生焉
정 기 의 이 불 모 기 리 대 리 생 언

明其道而不計其功大功生焉
명 기 도 이 불 계 기 공 대 공 생 언　(대종사)

◉단어◉

- **其(기)** : 어조사, 그
- **謀(모)** : 꾀하다, 도모(圖謀)하다
- **道(도)** : 길, 말하다
- **功(공)** : 공, 공로(功勞)
- **焉(언)** : 어조사(語助辭)로 단정(斷定)이나 의문(疑問:반어反語)의 조사(助詞)로 쓰임.
- **義(의)** : 옳다, 바르다.
- **利(리)** : 득(이득), 탐하다
- **計(계)** : 꾀하다, 계획(計劃)하다

그 의(義)만 바루고 그 이(利)를 도모하지 아니하며,
그 도(道)만 밝히고 그 공(功)을 계교(計巧)하지 아니한다.

그 의만 바루고 그 이를 도모하지 아니하면 큰 이가 돌아오고,
그 도만 밝히고 그 공을 계교(計巧·計較)하지 아니하면
큰 공이 돌아오나니라.　《대종경》

대인은 의로움을 취하나 범인은 이로움을 취한다.
달인(達人)은 도를 밝히나 범인은 공을 꾀한다.
옳은 일을 행할 뿐 이로움을 생각하지 않으면 오히려 큰 이익이 돌아오고,
도리만 밝힐 뿐 공을 취하지 않으면 오히려 큰 공덕이 드러난다.

◉ 註 ◉

◉ 正其義而不謀其利 明其道而不計其功이라는 내용은 한서(漢書)《동중서전(董仲舒傳)》에 실려 있는 내용이다.

◉ 동중서(董仲舒 B.C.179 ~ 104) : 중국 전한(前漢) 초기의 대표적인 유학자(儒學者)로 어렸을 때부터 특히 《춘추공양전(春秋公羊傳)》공부에 힘을 쏟았다. 경제(景帝) 때에 박사가 되었으며, 3년간 두문불출하고 공부를 한 것으로 유명하다. 무제(武帝) 때에 중용(重用)되어 유학을 국가통치의 기본 이념으로 확립시켰다.

처세유위귀(處世柔爲貴)

　대종사 신년(新年)을 당하여 말씀하시기를 "내가 오늘 여러 사람에게 세배(歲拜)를 받았으니 세속(世俗) 사람들 같으면 음식이나 물건으로 답례(答禮)를 하겠으나, 나는 돌아오는 난세(亂世)를 무사히 살아갈 비결(秘訣) 하나를 일러 줄 터인즉 보감(寶鑑)을 삼으라" 하시고, 선현(先賢)의 시(詩) 한 편을 써 주시니, 곧 '**처세에는 유한 것이 제일 귀하고**(處世柔爲貴) **강강함은 재앙의 근본이니라.**(剛强是禍基) **말하기는 어늘한 듯 조심히 하고**(發言常欲訥) **일 당하면 바보인 듯 삼가 행하라.**(臨事當如痴) **굽할수록 그 마음을 더욱 늦추고**(急地尙思緩) **편안할 때 위태할 것 잊지 말아라.**(安時不忘危) **일생을 이 글대로 살아간다면**(一生從此計) **그 사람이 참으로 대장부니라.**(眞個好男兒)' 한 글이요, 그 글 끝에 한 귀를 더 쓰시니, '**이대로 행하는 이는 늘 안락하리라.**(右知而行之者常安樂)' 하시니라.

《대종경》 인도품 34장

處世柔爲貴　剛强是禍基
처세유위귀　강강시화기

發言常欲訥　臨事當如痴
발언상욕눌　임사당여치

急地尚思緩　安時不忘危
급지상사완　안시불망위

一生從此計　眞個好男兒
일생종차계　진개호남아　(선현)

右知而行之者常安樂
우지이행지자상안락　(대종사)

● 단어·숙어 ●

- 處(처) : 살다·사는 곳
- 柔(유) : 부드럽다
- 爲(위) : 위하다·되다
- 貴(귀) : 귀하다·귀히여기다
- 剛(강) : 굳세다
- 强(강) : 굳세다
- 禍(화) : 재화(災禍)·재앙·불행
- 基(기) : 터·기초·바탕
- 發(발) : 시작하다·쏘다·떠나다
- 欲(욕) : 하고자하다
- 訥(눌) : 말을 더듬다·경솔하게 말하지 않다
- 臨(림) : 임하다
- 當(당) : 당하다·주관하다·마땅하다
- 痴(치) : 어리석다·미치광이 (≒癡의 俗字)
- 急(급) : 급하다
- 地(지) : 처지·형편·땅
- 尚(상) : 오히려
- 緩(완) : 느리다·늦추다
- 忘(망) : 잊다·건망증
- 危(위) : 위태(危殆)하다
- 從(종) : 좇다·따르다
- 此(차) : 이·이에
- 計(계) : 꾀·꾀하다·세다
- 個(개) : 낱·개·물건의 수효를 세는 단위

- **好(호)** : 좋다 · 옳다 · 마땅하다 · 훌륭하다
- **樂(락)** : 풍류(악) · 즐기다 · 즐겁다

- **處世(처세)** : 사람들과의 사이에서 살아감.
- **剛强(강강)** : 굳세고 강하다.
- **臨事(임사)** : 어떤 일을 함에 이르러.
- **右知而行之(우지이행지)** : 한자(漢字)는 ↓그리고 ← 방향으로 쓰기 때문에 '오른쪽에 쓴 앞의 내용을 알고 이를 실천한다' 라는 뜻이다.

처세에는 유한 것이 제일 귀하고
강강함은 재앙의 근본이니라.
말하기는 어눌한 듯 조심히 하고
일 당하면 바보인 듯 삼가 행하라.
굽힐수록 그 마음을 더욱 늦추고
편안할 때 위태할 것 잊지 말아라.
일생을 이 글대로 살아간다면
그 사람이 참으로 대장부니라.
이대로 행하는 이는 늘 안락하리라.

《대종경》

사람들과 함께 살아가는 데에는 부드러움이 가장 소중하고
거세고 강함은 불행의 씨앗이다.
말할 때는 말을 더듬듯이 조심스럽게 하고
어떤 일을 당하거든 어리석은 바보처럼 조심스럽게 행동해야 하느니라.

급한 상황일수록 오히려 느슨하게 생각하고
거안사위(居安思危)라는 말처럼 편안한 때일수록
위태로운 때를 잊어서는 안 된다.
한 평생을 이 글과 같이 계획하고 준비하며 살아간다면
그 사람은 참으로 훌륭한 대장부의 한 사람이니라.
앞의 내용을 알고 그대로 이를 실천하는 사람은
언제나 편안하고 즐거울 것 이니라.

● 註 ●

· **거안사위(居安思危)** ： 편안하게 지낼 때 위급할 때를 생각해서 미리 준비한다. 비)유비무환(有備無患)

◉ 선현(先賢)이란 月坡 柳彭老(?~1952)인것 같다.
그는 문과에 급제하였으나 벼슬에 뜻을 두지 않고 고향에서 살았다. 임진왜란때 종군하여 적진에 뛰어들어 동지를 구하고 전사하였다. 그의 문집인《月坡集》에 處世柔爲貴, 强疆是禍機, 發言常若訥, 臨事每如痴, 急處當思緩, 安時不忘危, 一生從此成, 眞箇好男兒라 하였다.

청풍월상시(淸風月上時)

> 대종사 대각(大覺)을 이루시고 그 심경(心境)을 시(詩)로써 읊으시되 '**청풍월상시**(淸風月上時)에 **만상자연명**(萬像自然明)이라' 하시니라.
>
> 《대종경》 성리품 1장

淸風月上時　萬像自然明
청 풍 월 상 시　만 상 자 연 명

◉ 단어·숙어 ◉

- 淸(청) : 맑다
- 風(풍) : 바람·불다
- 時(시) : 때·때맞추다
- 萬(만) : 일만·크다·수의 많음을 나타내는 말
- 像(상) : 형상
- 然(연) : 그러하다·그렇다고 여기다

- 淸風(청풍) : 부드럽고 맑게 부는 바람.
- 萬像(만상) : 모든 형상. 삼라만상(森羅萬象).

맑은 바람 불고 달이 높이 뜰 때,
삼라만상이 자연히 밝구나.

맑은 마음 밝은 지혜 밝아오니
우주의 삼라 만상이 진리임이 분명하다.

◉註◉

- **대종사 대각(大覺)** : 소태산 대종사는 우주와 인생의 온갖 문제에 대해 스스로 의심을 일으켜 20여년의 구도 끝에 1916년 4월 28일 이른 새벽, 동녘 하늘이 밝아오는 것을 보고 일원의 진리를 깨쳤다.

- **대각(大覺)** : 크게 도(道)를 깨달음.
  부처의 다른 이름. 스스로 깨닫고 남을 깨닫게 하므로 대각이라 함.

- **심경(心境)** : 이런 저런 느낌을 가진 정신의 상태. 마음의 경지.
  마음의 형편. (境 : 지경 · 경우 · 형편)

변산구곡로(邊山九曲路)

> 대종사 봉래정사에서 제자들에게 글 한 수를 써 주시되 '**변산구곡로**(邊山九曲路)에 **석립청수성**(石立聽水聲)이라. **무무역무무**(無無亦無無)요 **비비역비비**(非非亦非非)라 하시고, "이 뜻을 알면 곧 도를 깨닫는 사람이라" 하시니라.
>
> 《대종경》 성리품 11장

邊山九曲路에 石立聽水聲이라
변 산 구 곡 로   석 립 청 수 성

無無亦無無요 非非亦非非라
무 무 역 무 무   비 비 역 비 비

● 단어 · 숙어 ●

· 邊(변) : 가 · 가장자리   · 聽(청) : 듣다
· 聲(성) : 소리

· 九曲(구곡) : 중국 송대(宋代) 주자(朱子)의 무이구곡(武夷九曲)에서 유래된 것으로 아름다운 골짜기를 일컬음.

◉ 무이구곡(武夷九曲) : 원래 중국 복건성(福建省)에 있는 무이산(武夷山)의 아홉

구비 계곡을 일컫는 말인데, 흔히 '경치가 매우 좋다'는 뜻으로 쓰임. 북송(北宋) 때에 주희(朱熹:주자 朱子)가 구곡가(九曲歌)를 지은 것에서 유래되었음.

· 邊山九曲(변산구곡) : 전라북도 부안군 변산반도의 내변산 봉래정사 앞에 흐르는 아홉구비 계곡. 일명 봉래구곡이라고 부른다. 구곡의 지명은 제1곡 대소, 제2곡 직소폭포, 제3곡 분옥담, 제4곡 선녀탕, 제5곡 봉래곡, 제6곡 금강소, 제7곡 영지, 제8곡 백천, 제9곡 암지이다.

변산구곡중 가장 중심지인 제5곡 봉래곡을 봉래구곡 또는 변산구곡이라 부르기도 한다. 소태산 대종사 봉래곡에 다녀와서 제자들에게 시를 써 주셨다.

변산 아홉구비 길(계곡)에,
돌이 서서 물소리를 듣는다.
없고 없는 것이 또한 없고 없는 것이요,
아니고 아닌 것이 또한 아니고 아닌 것이다.

깊은 산골 굽은 길에 맑은 냇물 흐르는데
바윗돌 솟은 모습에 산은 산, 물은 물이로다.
없고 또 없고 아니고 또 아니라
무념무상(無念無想)하여 일체를 여의었도다.

● 註 ●

· 봉래정사(蓬萊精舍) : 소태산 대종사가 원불교 교법을 제정한 곳으로 실상초당과 석두암을 합하여 부르는 이름이다. 변산을 경치가 금강산처럼 아름답다하여 소금강 또는 금강산의 여름 이름인 봉래산이라 부르기도 한다.

투천산절정(透天山絶頂)

> 하루는 학명선사가 글 한 수(首)를 지어 보내기를 '**투천산절정**(透天山絶頂)이여 **귀해수성파**(歸海水成波)로다. **불각회신로**(不覺回身路)하여 **석두의작가**(石頭倚作家)로다' 라 한지라, 대종사 화답하여 보내기를 '**절정천진수**(絶頂天眞秀)요 **대해천진파**(大海天眞波)로다. **부각회신로**(復覺回身路)하니 **고로석두가**(高露石頭家)로다' 라 하시니라.
>
> 《대종경》 성리품 19장

透天山絶頂이여 歸海水成波로다
투 천 산 절 정   귀 해 수 성 파

不覺回身路하여 石頭倚作家로다 (학명선사)
불 각 회 신 로   석 두 의 작 가

絶頂天眞秀요 大海天眞波로다
절 정 천 진 수   대 해 천 진 파

復覺回身路하니 高露石頭家로다 (대종사)
부 각 회 신 로   고 로 석 두 가

● 단어 · 숙어 ●

- 透(투) : 통하다 · 지나가다
- 頂(정) : 정수리 · 머리 · 꼭대기
- 波(파) : 물결 · (물결이)일다
- 覺(각) : 깨닫다 · 터득하다 · 알다
- 倚(의) : 의지하다 · 인연하다 · 원인하다
- 秀(수) : 빼어나다 · 높이 솟아나다 · 꽃피다
- 復(부) : 다시 · 되풀이하다 ← ※復(복) : 돌아오다 · 회복하다
- 露(로) : 이슬 · 젖다 · 적시다 · 드러나다

- 絶(절) : 끊다 · 막다 · 없애다
- 歸(귀) : 돌아가다 · 돌아오다
- 回(회) : 돌다 · 돌리다

- 絶頂(절정) : ①최고에 이른 상태나 단계. ②높은 산의 맨 꼭대기.
- 天眞(천진) : ①자연 그대로 조금도 꾸밈이 없음. (그는 아이처럼 천진 난만(天眞爛漫)하다.)
  　　　　　　②불생불멸(不生不滅)의 참된 마음.

하늘을 뚫는 높은 산이여,
바다에 돌아감에 물이 물결을 이루도다.
몸 돌이킬 길을 찾지(알지) 못하여,
돌머리에 의지하여 집을 지었도다.

높은 산도 천진으로 빼어났고,
큰 바다도 천진으로 일어나는 물결이로다.
다시 몸을 돌이킬 길 깨달으니(생각하니),
돌머리 집이 높이 드러나도다.

하늘 높이 솟아오른 산꼭대기여
냇물은 바다로 흘러 파도를 이루도다.
제 갈 길을 찾지 못하고
바위틈에 의지하여 집을 지었구나.

산꼭대기는 저절로 솟아 있고
바다의 물결도 저절로 이는도다.
또 다시 돌아갈 길 찾았으니
석두의 집이 높이 드러나도다.

● 註 ●

• 백학명(白鶴鳴 1867~1929):소태산 대종사께서 변산의 봉래정사에 계시던 시기에 친교가 깊었던 월명암의 주지스님으로 이름은 계종(啓宗)이며, 법호(法號)가 학명이다. 전라남도 영광 불갑에서 태어나 전라북도 순창 구암사에서 출가(出家)를 결심하고 불갑사에서 출가한 후 부안 내소사 · 월명암 등지에서 선풍(禪風)을 일으켰으며, 정읍 내장사에서 열반(涅槃)하였다. 월명암 주지 시절에 소태산 대종사와 한국 불교의 장래에 대하여 토론하며 선문선답(禪問禪答)을 하는 등 원불교 창립기에 많은 인연을 가지고 있다.

　백학명 선사는 불교 승려의 신분으로 새 회상 창립을 후원하고 격려한 호법공덕이 높아 원기 73년 제 124회 수위단회에서 명예 대호법의 법훈을 추서했다.

영천영지영보장생
(永天永地永保長生)

> 대종사 이공주·성성원에게 **'영천영지영보장생(永天永地永保長生) 만세멸도상독로(萬世滅度常獨露) 거래각도무궁화(去來覺道無窮花) 보보일체대성경(步步一切大聖經)'**을 외게 하시더니, 이가 천도를 위한 성주(聖呪)로 되니라.
>
> 《대종경》천도품 4장

永天永地永保長生　　萬世滅度常獨露
영 천 영 지 영 보 장 생　　만 세 멸 도 상 독 로

去來覺道無窮花　　步步一切大聖經
거 래 각 도 무 궁 화　　보 보 일 체 대 성 경

◉ 단어 · 숙어 ◉

- **永(영)** : 길다 · 멀다 · 오래다
- **保(보)** : 보호하다 · 지키다 · 맡기다
- **滅(멸)** : 멸망하다 · 없어지다 · 제거하다
- **度(도)** : 법도 · 제도 · 기량
- **獨(독)** : 홀로

- 露(로) : 드러나다 · 이슬 · 젖다 · 적시다
- 窮(궁) : 다하다 · 끝나다 · 그치다
- 步(보) : 걸음 · 걷다
- 切(체) : 온통 ← ※切(절) : 끊다
- 經(경) : 길 · 법(法) · 경서(經書) · 날실 · 세로

- 永天永地(영천영지) : 영원(永遠)한 천지(天地). 불생불멸(不生不滅).
- 長生(장생) : 영생(永生). 영원한 삶.
- 萬世(만세) : 영원한 세월(歲月).
- 滅度(멸도) : 열반(涅槃). 입적(入寂).
- 去來(거래) : 생(生:삶)과 사(死:죽음).
- 無窮花(무궁화) : 다함(끝)이 없는 열반(涅槃)의 꽃으로 수행(修行)을 통해 증득(證得:체득 · 터득)한 생사자유(生死自由)의 심경(心境)을 삼천년만에 한 번 핀다는 우담화(優曇花)에 비유.

영천영지토록 길이 생을 보존하시고,
무량한 세상에 멸도해서 항상 홀로 드러나소서.
가고 옴에 도를 깨달으면 무궁한 꽃이 피리니,
걸음걸음 모두가 큰 성자의 길(법)이라.

불생불멸한 진리 속에 영원한 생을 보존하시고
영원토록 멸도하여 항상 홀로 드러나소서.
생사거래의 도를 알면 편안하고 즐거우리니
떠나시는 걸음걸음 성자의 길이 옵니다.

● 註 ●

· **이공주(李共珠 1896~1991)** : 법호(法號)는 구타원(九陀圓).
서울에서 태어나 원기9년 박공명선의 인도로 입교, 원기15년에 출가하였다. 소태산 대종사의 법문을 가장 많이 수필하여 법낭(法囊:법주머니)이라는 칭호를 얻었다. 여자수위단 창설과 더불어 열반할 때까지 중앙단원의 책임을 맡았다. 법위는 출가위로 종사의 법훈을 서훈받았다.

· **성성원(成聖願 1905~1984)** : 법호는 정타원(正陀圓).
전라북도 임실에서 태어나 원기9년 서울 당주동 자택에서 소태산 대종사를 처음 뵙고 제자가 되었다. 소태산 대종사와 은부모(恩父母) 의(義)를 맺고 서울교당 창설에 공헌하였다.

· **성주(聖呪)** : 영혼(靈魂) 천도를 위한 성(聖)스럽고 불가사의(不可思議)한 주문(呪文).

만학천봉답래후(萬壑千峰踏來後)

　대종사 대각하신 후 많은 가사(歌詞)와 한시(漢詩)를 읊어 내시사 그것을 수록하시어 《법의대전(法義大典)》이라 이름하시니, 그 뜻이 심히 신비하여 보통 지견으로는 가히 이해하기 어려우나, 그 대강은 곧 도덕의 정맥(正脈)이 끊어졌다가 다시 난다는 것과 세계의 대세가 역수(逆數)가 지내면 순수(順數)가 온다는 것과 장차 회상 건설의 계획 등을 말씀하신 것이었는데, 그 후 친히 그것을 불사르사 세상에 다시 전하지 못하게 하셨으나, '**개 자 태 극 조 판**으로 **원 천 이 강 림 어 선 절 후 계 지 심 야**(盖自太極肇判元天降臨於先絶後繼之心也)'라고 한 서문 첫 절과 다음의 한시 열 한 귀가 구송(口誦)으로 전해지니라.

만 학 천 봉 답 래 후 (萬壑千峰踏來後)
무 속 무 적 주 인 봉 (無俗無跡主人逢)

야 초 점 장 우 로 은 (野草漸長雨露恩)
천 지 회 운 정 심 대 (天地回運正心待)

시 사 일 광 창 천 중 (矢射日光蒼天中)
기 혈 오 운 강 신 요 (其穴五雲降身繞)

승 운 선 자 경 처 심(乘雲仙子景處尋)
만 화 방 창 제 일 호(萬和方暢第一好)

만 리 장 강 세 의 요(萬里長江世意繞)
도 원 산 수 음 양 조(道源山水陰陽調)

호 남 공 중 하 처 운(湖南空中何處云)
천 하 강 산 제 일 루(天下江山第一樓)

천 지 방 척 척 수 량(天地方尺尺數量)
인 명 의 복 활 조 전(人名衣服活造傳)

천 지 만 물 포 태 성(天地萬物胞胎成)
일 월 일 점 자 오 조(日月一點子午調)

방 풍 공 중 천 지 명(放風空中天地鳴)
괘 월 동 방 만 국 명(掛月東方萬國明)

풍 우 상 설 과 거 후(風雨霜雪過去後)
일 시 화 발 만 세 춘(一時花發萬歲春)

연 도 심 수 천 봉 월(研道心秀千峰月)
덕 수 신 여 만 괵 주(修德身如萬斛舟)

《대종경》 전망품 2장

蓋自太極肇判으로
개 자 태 극 조 판

元天이 降臨於先絶後繼之心也라
원 천　　 강 림 어 선 절 후 계 지 심 야

● 단어 · 숙어 ●

- 蓋(개) : 덮다 · 대개(大槪) · 덥개. 盖의 속자(俗字)
- 極(극) : 끝 · 다하다 · 지극(至極)하다
- 肇(조) : 시작(始作)하다 · 비로소 · 비롯하다
　　　　 꾀하다 · 치다 · 공격(攻擊)하다
- 判(판) : 나누다 · 구별(區別)하다 · 판가름하다
- 元(원) : 으뜸 · 근본 · 크다
- 降(강) : 내리다 ← ※降(항) : 항복(降伏)하다
- 臨(림) : 임하다 · 미치다 · 다다르다 · 다스리다
- 於(어) : 어조사 · 있어서 · 감탄한 소리 · 탄식할오
- 絶(절) : 끊다 · 가로막다 · 그만두다
- 繼(계) : 잇다 · 이어나가다

- 太極(태극) : 유교에서 우주의 만물이 생긴 근원. 일원상의 진리.
- 肇判(조판) : 세상의 처음 시작.
- 元天(원천) : 큰 하늘 ← ※元(원) : 으뜸 · 크다 · 하늘.
- 降臨(강림) : 신이 하늘에서 속세로 내려옴.
- 先絶後繼(선절후계) : 먼저 끊어지고 뒤에 이어진다.

대개 태극이 조판되면서
원천이 먼저 끊어지고 뒤에 이어지는 마음에 강림한다.

대개 우주가 만들어짐으로부터
하늘 뜻이 선후천의 교차 속에서 이루어진다.

萬壑千峰踏來後　無俗無跡主人逢
만 학 천 봉 답 래 후　　무 속 무 적 주 인 봉

● 단어 · 숙어 ●

- **壑(학)** : 골 · 골짜기 · 산 골짜기 · 구릉(丘陵)
- **峰(봉)** : 봉우리 . 산 봉우리
- **踏(답)** : 밟다 · 디디다 · 발판
- **俗(속)** : 풍속 · 바라다 · 원하다 · 속되다
- **跡(적)** : 자취 · 흔적(痕迹) · 밟다

- **萬壑千峰(만학천봉)** : 첩첩(疊疊)이 겹쳐진 골짜기와 수많은 봉우리. 여기서 '萬'이나 '千'은 한문(漢文) 수사법(修辭法)에서 '수(數)가 많다'는 의미로 쓰이는 과장적인 표현 방법이다.
- **踏來後(답래후)** : 여기서 '後'는 과거에서부터 지금까지 진행되어와서 현재도 진행중인 시제(時制)로, '來後'를 '以後'로 보고 '밟은 이후로 → 밟으며 살아 온 이후로'라고 풀이하면 무난하다.

만 구릉 천 봉우리를 밟아 온 뒤에,
속됨도 없고 자취도 없는 주인을 만난다.

산전 수전을 다 겪은 뒤에
흔적 없는 그 가운데서 참 나를 만나리라.

野草漸長雨露恩　天地回運正心待
　야 초 점 장 우 로 은　　천 지 회 운 정 심 대

● 단어 · 숙어 ●

- 野(야) : 들 · 질박(質朴)하다 · 거칠다 · 길들이지 아니하다
- 漸(점) : 점점 · 차차 · 차츰 나아가다
- 露(로) : 이슬 · 적시다
- 回(회) : 돌다 · 돌아오다 · 돌리다.
- 運(운) : 운전하다 · 옮기다 · 나르다 · 운수(運數)
- 待(대) : 기다리다 · 갖추다 · 막다.

- 野草(야초) : 야생(野生)의 들풀.
- 雨露(우로) : ①비와 이슬. ②비와 이슬이 만물(萬物)을 화육(化育:만들어 자라게 함)하는 것과 같은 큰 은혜(恩惠)로 '우로지택(雨露之澤)' 또는 '우로은(雨露恩)' 이라고도 함.
- 正心(정심) : ①바른 마음. ②마음을 바르게 함.

들풀이 점점 자람은 우로의 은혜요,
천지가 운을 돌이키니 바른 마음으로 기다릴지어다.

야생의 들풀이 점차 자라는 것은
비와 이슬이 만물을 자라게 하는 큰 은혜로움이요,
하늘과 땅, 곧 진리가 선천의 운에서 후천으로 돌리니
바른 마음으로 기다릴지어다.

矢射日光蒼天中　其穴五雲降身繞
시 사 일 광 창 천 중　기 혈 오 운 강 신 요

● 단어 · 숙어 ●

- **矢(시)** : 화살 · 맹세하다
- **射(사)** : 쏘다
- **蒼(창)** : 푸르다 · 우거지다 · 무성해지다
- **穴(혈)** : 구멍 · 뚫다 · 굴
- **降(강)** : 내리다
- **繞(요)** : 두르다 · 둘러싸다 · 감다 · 얽히다

- **日光(일광)** : 햇빛.
- **蒼天(창천)** : 푸른 하늘.
- **五雲(오운)** : ①청(靑:푸른색) · 황(黃:노란색) · 적(赤:붉은색) · 백(白:흰색) · 흑(黑:검정색)의 다섯 가지 색(色)의 구름으로 그 변화를 보고 길흉(吉凶)을 점쳤다.
  ②오색 구름. 한 구름이 다섯 빛깔을 갖추고 있는 것으로 선녀(仙女)가 노는 곳이라고 함.

푸른 하늘 가운데 일광에 화살을 쏘니,
그 구멍에서 5가지 구름이 내려와 몸을 에워싸도다.

우주 창천에 지혜광명을 쏟아내니
가지가지 문화 꽃이 화려하게 피어난다.

乘雲仙子景處尋　萬和方暢第一好
승 운 선 자 경 처 심　만 화 방 창 제 일 호

◉ 단어 · 숙어 ◉

- **乘(승)** : 타다
- **景(경)** : 볕 · 경치(景致)
- **尋(심)** : 찾다
- **暢(창)** : 화창(和暢)하다
- **第(제)** : 차례(次例) · 등급(等級) · 과거(科擧)
- **好(호)** : 좋다 · 아름답다 · 좋아하다

- **仙子(선자)** : 신선(神仙).
- **景處(경처)** : 경치가 뛰어나고 좋은 곳.
- **萬和方暢(만화방창)** : 따뜻한 봄날에 온갖 생물이 한창 피어나 자람.
  (和 → 化가 보편적이다.)
  - ●만화(萬化) : 천변만화(千變萬化), 무궁(無窮)하게 변화(變化)함.
    　　　　　　 끝없이 변화함. ← 천변 : 여러 가지로 변화가 많음.
  - ●방창(方暢) : 바야흐로 화창함.

구름을 탄 신선이 경치가 뛰어난 곳을 찾아가니,
만 가지가 화하고 바야흐로 화창해서 제일 좋은 곳이더라.

도덕을 갖춘 수행자가 찾아가니
따사로운 봄볕마냥 훈훈하고 정답구나.

萬里長江世意繞　道源山水陰陽調
만 리 장 강 세 의 요　도 원 산 수 음 양 조

● 단어·숙어

- 意(의) : 뜻·생각·마음
- 源(원) : 근원(根源)
- 陽(양) : 볕·양(—)
- 繞(요) : 두르다·둘러싸다
- 陰(음) : 그늘·음(- -)
- 調(조) : 고르다

- 萬里(만리) : 먼 거리를 상징적으로 표현할 때 많이 쓰임.
- 長江(장강) : 긴 강. 양자강(揚子江).
- 山水(산수) : 산과 물. 자연(自然).
- 陰陽(음양) : 우주만물(宇宙萬物)의 이원(二元) 대립적(對立的) 관계를 상징하는 말.

만리 긴 강은 세상 뜻을 둘렀고,
도의 근원인 산수는 음양이 고르도다.

깊고 깊은 깨달음은 세상교화 뜻을 두고
산수(山水)이치에 근원한 도는 음양의 이치가 고루 펴져 있구나.

湖南空中何處云　天下江山第一樓
호 남 공 중 하 처 운　　천 하 강 산 제 일 루

● 단어 · 숙어 ●

· 湖(호) : 호수(湖水)
· 何(하) : 어찌 · 어느
· 云(운) : 일컫다
· 樓(루) : 다락 · 누각(樓閣)

· 湖南(호남) : 일반적으로 전라남 · 북도를 가리킴.
　　　　　　호수(湖水) 이남(以南) 지역이라는 자의(字意)로 볼 때 이는 충청도(忠淸道) 금강(錦江) 이남 지역이라고 흔히 이야기한다.
· 空中(공중) : 원래는 '하늘 · 허공' 이란 뜻이지만, 여기서는 '세상 · 장소' 를 의미함.
· 何處(하처) : 어느 곳.

호남의 공중은 어느 곳을 이르는고,
천하강산에 제일가는 누각이로다.

호남의 그 하늘은 어느 곳을 이르는가,
온 천하 모두모두가 좋은 곳이더라.

● 註 ●

● 대종사 초창 당시에 팔산 김성섭(광선)을 데리시고 노루목에서 같이 밀을 베시다가 팔산(八山)에게 낫질을 멈추라 하시고 글 한 귀를 읊어주시니, 별안간 공기가 맑아지고 사방에 바람이 자면서 천지에 풍악이 진동하였다. 그 글은 다음과 같다. '湖南空中何處云 天下江山第一樓'

《대종경 선외록》

天地方尺尺數量　人名衣服活造傳
천 지 방 척 척 수 량　인 명 의 복 활 조 전

● 단어 · 숙어 ●

- **方(방)** : 모 · 모서리
- **數(수)** : 세다 · 셈하다 · 헤아리다
- **服(복)** : 옷
- **造(조)** : 짓다 · 만들다
- **尺(척)** : 자
- **量(량)** : 헤아리다
- **活(활)** : 살다
- **傳(전)** : 전하다

- **方尺(방척)** : 기역(ㄱ)자 모양의 자.
- **尺(척)** : 뒤의 척자는 '(길이를) 재다'라는 동사(動詞)로 쓰임.

천지의 잣대(방척)로 수량을 재니,
인명대로 의복지어 활발하게 전하더라.

하늘같은 큰 잣대로 인간 만사를 헤아리니
사람마다 그에 맞는 법을 만들어서 살아가도록 한다.

天地萬物胞胎成　日月一點子午調
천 지 만 물 포 태 성　일 월 일 점 자 오 조

● 단어 · 숙어 ●

· **胞(포)** : 태보(胎褓) · 자궁(子宮) · 아기 집
· **胎(태)** : 아이배다
· **點(점)** : 점
· **調(조)** : 고르다 · 조절(調節)하다

· **胞胎(포태)** : 태내의 아이를 싸는 작은 막. 아기 보. 아기 집.
· **一點(일점)** : 북극성(北極星).
· **子午(자오)** : 子는 북쪽, 午는 남쪽을 뜻하며, 자오(子午)는 십이지(十二支)에서 나온 것이다. (여기서는 주야를 고른다는 시간적인 의미로 쓰임)

천지만물은 포태를 이루고,
해와 달은 한 점으로 자오를 고르더라.

삼라만상 천지만물은 새 생명을 잉태하고
해와 달은 한 점에서 자오로 고르더라.

> ● 註 ●

● 대종사 초창 당시에 낮에는 일을 하여 회상창립과 육신생활을 하게 하시고 밤에는 진리를 연구하여 생사대사를 해결하고 선을 하여 수양공부에 전공케 하시었다. 하루는 대종사 대중의 심공을 시험해 보시기 위하여 친히 글 한 짝을 지어 주시며 이 글에 대구할 자 있느냐고 물으시었다. 대중중에 감히 짝을 채우는 사람이 없으매 대종사 친히 짝을 채워 일러주시니 그 글은 다음과 같다. '天地萬物胞胎成 日月一點子午調'

《대종경 선외록》

放風空中天地鳴　掛月東方萬國明
방 풍 공 중 천 지 명　괘 월 동 방 만 국 명

> ● 단어 · 숙어 ●

- 放(방) : 놓다 · 제멋대로 놔두다
- 鳴(명) : 울다
- 掛(괘) : 걸다

- 放風(방풍) : 바람이 불다.
- 空中(공중) : 허공(虛空). 온 세상.
- 東方(동방) : 동쪽 지방. 동토(東土). 우리 나라. 한반도(韓半島).
- 萬國(만국) : 온 세상. 천지(天地).

공중에 바람을 놓이니 천지가 울고,
동방에 달을 거니 만국이 밝도다.

세상에다 교화를 펴니 온 천하에 퍼져가고
우리 동방에 떠오른 빛이 전 세계에 비치리라.

風雨霜雪過去後　一時花發萬歲春
풍 우 상 설 과 거 후　일 시 화 발 만 세 춘

● 단어 · 숙어

- 霜(상) : 서리
- 過(과) : 지나가다
- 歲(세) : 해
- 雪(설) : 눈
- 發(발) : (꽃이)피다

- 風雨(풍우) : 비바람. 한문 해석상으로 볼 때는 '바람비' 지만, 우리말의 발음상 '비바람' 이라고 해야 한다. '바람' 과 '비' 를 가리킴.
- 萬歲(만세) : 만대(萬代). 영원(永遠)한 삶.

풍우상설이 지나간 뒤
일시에 꽃이 피니 만세의 봄이로다.

온갖 파란(波瀾)을 지내고 나서
도덕 문명의 꽃이 핀다.

研道心秀千峰月　修德身如萬斛舟
연 도 심 수 천 봉 월　수 덕 신 여 만 곡 주

◉ 단어 · 숙어 ◉

· 研(연) : 갈다 · 궁구(窮究)하다
· 秀(수) : 빼어나다 · 꽃이 피다
· 斛(곡) · 휘 : (수량의 단위)
  ◉ 휘 : 옛적의 곡식을 되던 그릇의 한가지.
      스무 말 또는 열 닷 말이 들어가게 만들었음.
  ◉ 곡(斛≒곡)
    곡량(斛量) : 곡식을 휘로 됨 → 두량(斗量).
    곡상(斛上) : 조세로 쌀을 거둘 때 한 섬에 대하여 석 되씩 더 받았던 일.
· 舟(주) : 배

· 萬斛(만곡) : 많은 분량.

도를 연마한 마음은 천봉 달보다 빼어나고,
덕을 닦은 몸은 만곡이나 실은 배와 같다.

도를 닦은 그 마음은 달 보다도 더욱 밝고
덕을 닦은 그 몸은 큰 배보다 더 무겁다.

◉ 註 ◉

● 소태산 대종사께서 깨달음을 얻기 전 고창 연화봉 초당에서 수양할 때 팔산 김광선 대봉도가 같이 수양을 하기도 하였다. 그때 형산 김홍철 종사(팔산의 장남)가 연화봉 초당을 찾아갔다가 저녁에 영산으로 가려고 하였으나 하루 저녁 모시고 자고 싶다고 하여

같이 하루저녁을 자는데, 소태산 대종사와 팔산 김광선 대봉도가 여러가지 말씀을 하시는 가운데 소태산 대종사께서 '연도(研道)하니 심수천봉월(心秀千峰月)이요, 도를 닦으니 마음이 천봉월에 드러났고, 수덕(修德)하니 신여만곡주(身如萬斛舟)라, 덕을 닦으니 몸이 일만섬을 실을 배와 같더라' 하신 말씀을 형산님이 외우셨다가 후에 대종경에 올렸다.

《대산종사의 원기 71년도 법문 중에서》

◉ 법의대전(法義大全) : 소태산 대종사가 교단 초창기에 구술(口述)한 내용을 기록한 책. 대각의 심경을 가사(歌辭)와 한시(漢詩)로 읊어 팔산 김광선으로 하여금 기록하게 하여 《법의대전》이라 이름하였다. 그러나 소태산 대종사는 《법의대전》이 한 때의 발심조흥은 되나 인간을 지도하는 정식 교과서는 아니라 하여 원기 5년을 전후해 불태워 없애 버려 전해오지 못하고 있다. 다만 서문 첫절과 한시 11구(句)가 구송(口誦)으로 전해저 《대종경》전망품에 기록되어 있다. 이는 김광선. 김홍철 부자가 구송하였던 것이며, 그 외에 몇 구가 전해진다. 또한 이 무렵 형성된 가사인 탄식가·경축가·권도가·만장·전반세계가 등은 전해오고 있다.

◉ 가사(歌辭) : 문학 형식 중 시의 한 형식으로 사사조(四四調) 또는 삼사조(三四調)로 음악에서의 가사(歌詞)와 구별하기 위하여 가사(歌辭)로 쓴다. (대종경 본문에서는 가사(歌詞)로 쓰고 있다.)

◉ 《법의대전》에 '십생구사 용화대에 역수순수 조화로다(十生九死 龍華臺에 逆數順數 造化)' 하신 구절은 우리 회상 창립의 가난함을 나타내신 말씀이다.

《한 울안 한 이치에》

◉ 대종사께서 《법의대전》에 '61년에 다시 나의 글을 보리라 (六十一年 更見吾書)' 하셨다.
《한 울안 한 이치에》

◉ 정산종사께서 이동진화·이성신에게 말씀하시었다.
"《법의대전》에 '完全 宋樞 許付 以當來事'라 한 구절이 있었노라."

《한 울안 한 이치에》

금강현세계(金剛現世界)

> 대종사 금강산을 유람하고 돌아오시어 '**금강**이 **현세계**(金剛現世界)하니 **조선**이 **갱조선**(朝鮮更朝鮮)이라'는 글귀를 대중에게 일러 주시며 말씀하시기를 "금강산은 천하의 명산이라 멀지 않은 장래에 세계의 공원으로 지정되어 각국이 서로 찬란하게 장식할 날이 있을 것이며, 그런 뒤에는 세계 사람들이 서로 다투어 그 산의 주인을 찾을 것이니, 주인될 사람이 미리 준비해 놓은 것이 없으면 무엇으로 오는 손님을 대접하리요."
>
> 《대종경》전망품 5장

金剛　現世界　朝鮮更朝鮮
금 강　현 세 계　조 선 갱 조 선

● 단어·숙어 ●

- **剛(강)** : 굳세다
- **現(현)** : 나타나다·나타내다
- **朝(조)** : 아침
- **鮮(선)** : 곱다·뚜렷하다·새롭다
- **更(갱)** : 다시

- **金剛(금강)** : ① '금강산(金剛山)'의 준말.

　　　　　②금속 가운데 가장 단단한 금강석.
　　　　　③부처의 진리를 체득하여 모든 번뇌를 깨뜨릴 수 있음을
　　　　　　표현한 말.
· **朝鮮(조선)** : 예로부터 사용되어 온 우리나라의 이름으로 '동쪽에 있는
　　　　　　해뜨는 나라' '아침의 나라' 등의 의미를 지니고 있음.

금강산이 (아름다운 경치가) 세계에 드러날 때,
조선은 다시 (새 세계에 빛나는) 조선이 되리라.

금강산의 그 이름이 온 세상에 드러날 때
우리 조선은 다시 더욱 새롭게 해야한다.

●註●

· **금강산(金剛山)** : 우리 나라 오악(五嶽)의 하나로 강원도 고성군 · 회양
군 · 통천군에 걸쳐 있는 세계적인 명산이다. 1638m의 비로봉 등 일만 이
천여 봉우리를 가지고 있는 금강산은 연못과 폭포 그리고 큰 절 등이 많이
있으며, 사철 다르게 보이는 빼어난 경치가 절경을 이룬다. 봄에는 금강산
(金剛山), 여름에는 봉래산(蓬萊山), 가을에는 풍악산(楓嶽山), 겨울에는 개
골산(皆骨山) 이라고 불리운다.

● 소태산 대종사 원기15년 5월 이공주 · 이동진화 · 신원요와 8박9일간 금강산 여행을
다녀와서 5월 15일에 총부에서 제자들에게 설법하실 때 금강산 유람을 기념하기 위하여
읊은 시를 말씀하시었다.

보습금강경 금강개골여 (步拾金剛景　金剛皆骨餘)
　＊ 이것은 금강산 구경을 기념하기 위하여 읊은 바이오,

☞풀이   금강산의 경치를 걸어 다니며 즐기니,
         금강산이 빈껍데기만 남았구나.

금강현세계 조선갱조선 (金剛現世界　朝鮮更朝鮮)
＊ 이것은 속인을 대할 때 금강산을 두고 읊은 바이며,

☞풀이   상동(上同)↑

금강현세계 여래도중생 (金剛現世界　如來度衆生)
＊ 이것은 불제자인 승려를 대할 때 금강산을 두고 읊은 바이다.

☞풀이   금강산의 명성이 온 세상에 드날릴 때,
         여래께서는 중생을 구제하시는구나.

· **조선(朝鮮)** : 조선이라는 명칭은 《삼국유사》《단군세기》 등에 따르면 단군왕검이 나라를 열때 도읍을 아사달(阿斯達)에 정하고 나라이름을 〈조선(朝鮮)〉이라고 하였다. 조선이라는 이름은 '광명' 이라는 뜻으로 후세에 이두식으로 '조선' 이라고 쓴 것이다.(단재 신채호) 조선이라는 음은 만주의 '주신' 의 이두표기며. 조선의 의미를 일반적으로 한자 뜻을 풀이하면 '아침에 빛난다, 밝은 해, 아침의 땅' 등으로 이해할 수 있다.

二. 대종경 선외록 한문·시어 법문

◉대종경(大宗經)선외록(選外錄)

《대종경 선외록》은 《원불교 전서》 발간을 끝으로 20년의 정화사 과업을 완결한 후 범산 이공전이 원불교신보에 연재했던 것을 원기67년에 발간한 대종경 선외 자료집이다.

우주신적기적기
(宇宙神適氣適氣)

> 대종사 발심하신 후로부터 주야 없이 솟아오르는 주문(呪文) 두 절(節)이 있다. 하나는 '**우주신적기적기**(宇宙神適氣適氣)' 라는 주문인바 그 후 어쩐 줄 모르게 '**시방신접기접기**(十方神 接氣接氣)' 라고 고쳐 불려졌다. 또 한 절은 '**일타동공일타래**(一陀同功一陀來) **이타동공이타래 삼타동공삼타래 사타동공사타래 오타동공오타래 육타동공육타래 칠타동공칠타래 팔타동공팔타래 구타동공구타래 십타동공십타래**' 라는 주문이었다. 이 두 가지 주문은 구도 당시 기도를 올리실 때마다 늘 부르셨다 한다.
>
> 《대종경 선외록》구도고행장 1장

宇宙神適氣適氣 　 十方神接氣接氣
　우 주 신 적 기 적 기 　　시 방 신 접 기 접 기

一陀同功一陀來 　 二陀同功二陀來
　일 타 동 공 일 타 래 　　이 타 동 공 이 타 래

三陀同功三陀來 　 四陀同功四陀來
　삼 타 동 공 삼 타 래 　　사 타 동 공 사 타 래

五陀同功五陀來　六陀同功六陀來
오 타 동 공 오 타 래　육 타 동 공 육 타 래

七陀同功七陀來　八陀同功八陀來
칠 타 동 공 칠 타 래　팔 타 동 공 팔 타 래

九陀同功九陀來　十陀同功十陀來
구 타 동 공 구 타 래　십 타 동 공 십 타 래

● 단어 · 숙어 ●

· 宇(우) : 집
· 宙(주) : 집
· 神(신) : 귀신(鬼神) · 정신(精神)
· 適(적) : 가다
· 氣(기) : 기운(氣運)
· 接(접) : 사귀다 · 대다
· 陀(타) : 험(險)하다
    범어(梵語 : 산스크리트어)의 '-da 또는 -dha'의 음(音)을 번역한 자(字). ●불타(佛陀) : 부처.
· 功(공) : 공(공로) · 공력 · 일 · 직무

· 宇宙(우주) : 세계. 천지사방과 고금.
· 十方(시방) : 동 · 서 · 남 · 북의 사방(四方)과 동북 · 동남 · 서남 · 서북의 사유(四維)와 상 · 하의 열 가지 방향으로 우주에 대한 공간적인 구분, 시간의 구분인 삼세와 통칭하여 전 우주를 가리킨다.
    → 시방세계(十方世界) : 온 세계.

우주의 정신은 기로 가고 기로 가며,
시방 세계의 정신은 기와 접하고 기와 접한다.
한 부처가 공을 같이하면 한 부처가 오고,
두 부처가 공을 같이하면 두 부처가 오고,
세 부처가 공을 같이하면 세 부처가 오고,
네 부처가 공을 같이하면 네 부처가 오고,
다섯 부처가 공을 같이하면 다섯 부처가 오고,
여섯 부처가 공을 같이하면 여섯 부처가 오고,
일곱 부처가 공을 같이하면 일곱 부처가 오고,
여덟 부처가 공을 같이하면 여덟 부처가 오고,
아홉 부처가 공을 같이하면 아홉 부처가 오고,
열 부처가 공을 같이하면 열 부처가 온다.

우주의 정신 기운은 기로 향하여 가고 기로 향하여 가며,
인간 세계의 정신 기운은 기와 접하고 기와 접한다.
한 분의 부처가 공을 같이하면 한 분의 부처가 오시고,
두 분의 부처가 공을 같이하면 두 분의 부처가 오시고,
세 분의 부처가 공을 같이하면 세 분의 부처가 오시고,
네 분의 부처가 공을 같이하면 네 분의 부처가 오시고,
다섯 분의 부처가 공을 같이하면 다섯 분의 부처가 오시고,
여섯 분의 부처가 공을 같이하면 여섯 분의 부처가 오시고,
일곱 분의 부처가 공을 같이하면 일곱 분의 부처가 오시고,
여덟 분의 부처가 공을 같이하면 여덟 분의 부처가 오시고,

아홉 분의 부처가 공을 같이하면 아홉 분의 부처가 오시고,
열 분의 부처가 공을 같이하면 열 분의 부처가 오신다.

●註●

· **주문(呪文)** : 주술적인 작용을 낳게 하기 위해 입으로 외는 글귀. 진언(眞言). 주술의 가장 중요한 부분을 이루는 글.
원불교에서 주문은 주술적인 의미로서보다 일심청정과 진리에 대한 귀의를 목적으로 하며 성주·영주·청정주가 있다.

청산백골위후사
(靑山白骨爲後事)

> 대종사 득도하시기 전 고창 심원면 연화봉 초당에서 수양하실 적에 집안 사람들이 선산(先山)의 이장(移葬) 문제를 논의해 왔다. 대종사 곧 한 귀의 글을 지어 그들에게 보이시었다. '청산백골위후사 허명세전무인시(靑山白骨爲後事 虛名世傳無人市)' 번역하면 '푸른 산에 백골로 뒷일을 위한다는 것은 헛이름을 대대로 사람없는 저자에 전하는 것이다' 라는 뜻이었다.
>
> 《대종경 선외록》구도고행장 2장

靑山白骨爲後事　虛名世傳無人市
청 산 백 골 위 후 사　　허 명 세 전 무 인 시

● 단어 · 숙어 ●

- 靑(청) : 푸르다
- 爲(위) : 하다 · 위하다 · 되다
- 後(후) : 뒤 · 뒤로하다 · 늦다
- 虛(허) : 비다 · 헛되다
- 傳(전) : 전하다
- 市(시) : 저자 · 시장(市場)

- 白骨(백골) : 죽은 사람의 흰 뼈.

푸른 산에 백골로 뒷일을 위한다는 것은
헛 이름을 대대로 사람없는 저자에 전하는 것이다.

《대종경 선외록》

조상의 뼈를 명당에 묻어서 후손들의 복을 도모하려는 것은
사람 없는 시장에서 장사하는 꼴이로다.

◉ 註 ◉

- **저자** : 장에서 물건을 파는 가게. 시장(市場).

- **연화봉(蓮花峰) 초당(草堂)** : 전라북도 고창군 심원면 연화리에 있는 선운산 한줄기인 연화봉 중턱에 있었던 한의업을 하던 연강 김준상의 초당이다. 소태산 대종사가 김광선의 주선으로 득도하기 전 겨울 3개월간 고행하며 수행했던 입정처이다.

- **선산(先山)** : 조상의 무덤. 또는 조상의 무덤이 있는 산.

- **이장(移葬)** : 무덤을 옮겨 묻음. 개장(改葬).

대명국영성소(大明局靈性巢)

> 대종사 옥녀봉 아래에 도실(道室)을 신축하시고 이를 첫 수위단 회집실로 삼으시었다. 대종사 도실 이름을 '**대명국영성소좌우통달만물건판양생소**(大明局靈性巢左右通達萬物建判養生所)'라 하시었다.
>
> 《대종경 선외록》사제제우장 13장

大明局靈性巢左右通達萬物建判養生所
대 명 국 영 성 소 좌 우 통 달 만 물 건 판 양 생 소

● 단어 · 숙어 ●

- 局(국) : 판
- 性(성) : 성품(性品)
- 通(통) : 통하다
- 建(건) : 세우다
- 養(양) : 기르다

- 靈(령) : 신령(神靈)
- 巢(소) : 집 · 새집
- 達(달) : 통달(通達)하다
- 判(판) : 판가름하다
- 所(소) : 곳 · 처소(處所)

- **大明局(대명국)** : 크게 밝고 크게 열린 하나의 세계.
- **靈性巢(영성소)** : 정신개벽(精神開闢)을 주재(主宰)하는 집.
- **左右通達(좌우통달)** : 동서남북 · 상하좌우로 막히고 걸림이 없이 두루 하나로 통함.

· 萬物建判養生所(만물건판양생소) :　우주만물을 상생상화(相生相和)
　　　　　　　　　　　　　　　　　상부상조(相扶相助)의 선연(善
　　　　　　　　　　　　　　　　　緣)으로 새롭게 살린다는 뜻임.

크게 밝은 판국인 영성의 집이며
만사 만물을 좌우통달하게 판별하고 양생하는 곳.

· **옥녀봉** :　앞에 있음. (15쪽)

· **첫 수위단** :　원기 2년에 남자 수위단을 조직하였다. 단장에 소태산 대종사, 단원에 이재철, 이순순, 김기천, 오창건, 박세철, 박동국, 유건, 김광선이며, 중앙 송규는 1년후에 서임하였다. 수위단은 교단의 최고 의결기구인 동시에 종법사의 자문기관이다.

· **회집실(會集室)** :　여러 사람이 한곳에 모이는 곳.

· **도실(道室)** :　원불교 최초의 교당을 구간도실 또는 도실이라고도 함.

헌심영부(獻心靈父)

> 송도성(宋道性)이 十六세에 출가하여 대종사를 한번 뵈옵고는 바로 마음에 큰 기쁨과 희망을 얻어 한 귀의 글로써 서원을 올리었다. '獻心靈父 許身斯界 常隨法輪 永轉不休(마음은 영혼의 아버지께 바치고, 몸은 이 세상에 허락하나이다. 항상 스승님 법 수레바퀴를 따라 길이길이 궁글리어 쉬지 않겠나이다.)' 대종사 보시고 크게 기뻐하시며 곧 출가를 허락하시었다.
>
> 《대종경 선외록》 사제제우장 14장

獻心靈父　許身斯界
헌 심 영 부　허 신 사 계

常隨法輪　永轉不休
상 수 법 륜　영 전 불 휴

단어·숙어

- 獻(헌) : 바치다·드리다
- 許(허) : 허락(許諾)하다
- 常(상) : 항상(恒常)
- 輪(륜) : 수레바퀴
- 轉(전) : 구르다·굴리다
- 靈(령) : 신령(神靈)
- 斯(사) : 이·이것
- 隨(수) : 따르다
- 永(영) : 길다·오래다
- 休(휴) : 쉬다

· **法輪(법륜)** : 부처의 가르침. 부처의 교법(教法). 부처의 설법(說法).

마음은 영혼의 아버님께 바치고
몸은 이 세상에 허락하나이다.
항상 스승님 법 수레바퀴따라
길이길이 궁글리어 쉬지 않겠나이다.   《대종경 선외록》

　이 마음은 대종사께 바치옵고
　이 몸은 세상을 위해 바치겠나이다.
　스승님 법 받들어서
　길이길이 전하오리다.

● 註 ●

· **송도성(宋道性 1907-1946)**:법호(法號)는 주산(主山).
경상북도 성주에서 태어나 형인 정산 송규종사의 인도로 원기7년 변산 봉래정사에 계신 소태산 대종사께 출가시(出家詩)로 서원을 올려 출가를 허락받았다. 교단 초기에 여러 방면에 많은 업적을 남기며,《월말통신》등의 편집과 발행을 하는 한편 소태산 대종사의 많은 법문 수필과 시가 및 논설을 남겼다. 1945년 8·15 광복 직후 전재동포 구호사업에 헌신하다가 과로로 병을 얻어 40세의 젊은 나이로 열반하였다. 법위(法位)는 대각여래위(大覺如來位)에 추존되었다.

· **출가(出家)** :
(불　교) 속가(俗家)를 떠나 중이 되는 일.
　　　　　석가모니가 싯달 태자의 몸으로 산으로 들어간 일.
(천주교) 세간을 떠나서 수도원으로 들어가는 일.
(원불교) 몸과 마음을 원불교 교단의 발전과 제생의세의 사업을 하기 위하여 전무출신하는 일.

계명이야분(鷄鳴而夜分)

　삼산이 여쭈었다. "선인들이 말씀하신 후천 개벽의 순서를 **계명이야분**(鷄鳴而夜分)하고 **견폐이인귀**(犬吠而人歸)라는 전래 가사에 따라 날이 새는 것에 비유하옵고, 최선생의 행적은 만뢰가 깊이 잠든 자시(子時)에 첫 새벽을 알리는 금계(金鷄)의 행적이요, 강선생의 행적은 아직도 자는 사람이 많은 축시(丑時)에 일찍 깬 사람이 기척을 미리 알리는 영오(靈獒)의 행적이요, 대종사의 행적은 날이 겨우 밝은 인시(寅時)에 활동을 개시한 주인(主人)의 행적이라 하오면 어떠하오리까." 대종사 말씀하시었다. "근가(近可)하니라." 이호춘(李昊春)이 다시 여쭈었다. "그 일을 또한 일년 농사에 비유하옵고 최선생은 해동이 되었으니 농사 지을 준비를 하라 하신 것 같고, 강 선생은 어느 때는 못자리하고 어느 때는 이앙하느니라 하사 농력 절후를 일러주신 것 같고, 대종사께서는 못자리는 이렇게 하고 이앙은 이렇게 하며 김매고 거두기는 또한 이렇게 하라 하사 직접으로 농사법을 가르쳐 주신 것과 같다 하오면 어떠하오리까." 대종사 말씀하시었다. "또한 근가하니라." 송도성(宋道性)이 다시 여쭈었다. "그 분들은 그만한 선인이온데 그 제자들로 인하와 세인의 논평이 한결같지 않사오니, 그 분들이 뒷 세상에 어떻게 되오리까" 대종사 말씀하시기를, "사람의 일이 인증할 만한 이가 인증하면 그대로 되나니, 우리가 오늘에 이 말을 한 것도 우리 법이 드러나면 그 분들이 드러나는 것이며, 또한 그 분들은 미래 도인들을 많이 도왔으니 그 뒷 도인들은 먼저 도인들을 많이 추존하리라."

《대종경 선외록》 원시반본장 2장

鷄鳴而夜分　犬吠而人歸
계 명 이 야 분　　견 폐 이 인 귀

● 단어 · 숙어 ●

- 鷄(계) : 닭
- 鳴(명) : 울다
- 夜(야) : 밤
- 分(분) : 나누다 · 헤어지다 · 떨어져 나가다
- 吠(폐) : 짖다
- 歸(귀) : 돌아오다 · 돌아가다

- 夜分(야분) : 밤. 밤중. 야반(夜半).

닭이 울면 밤이 나뉘고,
개가 짖으면 사람이 돌아온다.

닭이 울면 날이 새고
개 짖으면 사람 온다.

● 註 ●

· 삼산(三山) : 김기천(金幾千 1890~1935)의 법호(法號). 전라남도 영광에서 태어난 9인 제자의 한 사람이다. 소태산 대종사로부터 최초로 견성(見性) 인가를 받았다. 출가후에 성리(性理)에 대한 연구가 깊었으며《철자집》과 교리송·사은찬송가·심월송 등을 짓고 원기20년 부산 당리 교당에서 순직하였다. 법위(法位)는 출가위(出家位)로 추존되었다.

· 선인(先人) : 먼저 태어나 산 사람.

· 최선생(崔先生) : 동학(東學)의 창시자이며 천도교(天道敎)의 교주(敎主)인 최제우(崔濟愚 1824~1864)를 가리킴. 호(號)는 수운(水雲)이며 경주 사람이다. 37세 때(1860년) 인내천(人乃天)의 사상으로 동학(천도교)을 개종(開宗)하였는데, 동학을 전도한지 5년만에 조정(朝廷)에서 이단사설(異端邪說)의 혐의를 받고 체포되어 참형(斬刑)을 당했다. 동학의 제2대 교주인 최시형이 그가 남긴 글을 엮어서《동경대전(東經大典)》을 간행하였는데, 이는 동학의 기본경전이다. 이 밖에도《용담유사》가 있다. 소태산 대종사는 최수운을 강증산과 더불어 선지자(先知者)라고 높이 평가하였다.

· 만뢰(萬籟) : 자연계(自然界)에서 일어나는 여러 가지 소리.〔뢰(籟) : 세 구멍 통소·소리·울림〕→ 만뢰구적(萬籟俱寂) : 밤이 깊어 아무 움직임의 소리도 없이 잠잠하여 아주 고요하고 조용하여짐.

· 금계(金鷄) : 꿩과에 속하는 중국이 원산인 새로 새 모양과 깃털이 야생꿩과 비슷하며 새털이 아름다워 집에서 완상용으로 기른다.

· 강선생(姜先生) : 증산교(흠치교)의 창시자인 강일순(姜一淳 1871~1909)을 가리킴. 호는 증산(甑山)으로 전라북도 정읍 사람이다. 1901년 흠치교를 창시하고 포교를 하다가 39세에 사망하자 제자들이 각기 보천교·태을교 등을 세워 포교하여 많은 교파로 나누어졌다. 그는 많은 기행(奇行)과 예언을 행하며 지상선계(地上仙界)를 열어 중생을 구제하는 천지공사를 한다고 하였다. 소태산 대종사는 강증산을 선지자(先知者)라고 하였다.

- **영오(靈獒)** : 머리가 총명한 개.

- **근가(近可)** : 옳음에 가깝다 → 옳다고 하겠다.

- **이호춘(李昊春 1902~1966)** : 법호는 항산(恒山).
  전라남도 영광 신흥에서 태어나 도산 이동안의 인도로 영산에서 소태산 대종사의 제자가 되었다.
  그후 원기 12년에 전무출신을 발원하여 농공부 창립부원, 농공부장 등을 역임하였다. 삼산 김기천 종사와 은부자를 맺었다. 삼산종사에게 우리 경전중에 한자들을 뽑아 천자문(千字文) 같은 책을 저술할 것을 간청하니 이것이 곧 철자집(綴字集)이 되었다. 이호춘은 자녀 중 범산 이공전 종사와 백타원 이현조 교무를 전무출신하게 하였다.

- **해동(解凍)** : '얼음이 풀리다' 는 뜻으로 겨울이 가고 봄이 오는 것을 의미함.

- **이앙(移秧)** : 모내기.

- **농력(農曆)** : 음력(陰曆)으로 농사짓는 절후를 나타냄. 24절기등.

- **송도성(宋道性)** : 앞에 나옴.(62쪽)

- **신인(神人)** : 신통력이 있는 사람.

- **세인(世人)** : 세상 사람.

- **인증(認證)** : 문서나 행위가 정당한 절차로 이루어졌다는 것을 법리(法理)적으로 인정하여 증명하는 것. (認定 : 옳다고 믿고 정하는 일) 원불교에서는 대부분 인증으로 쓰고 있다.

- **도인(道人)** : 수행하며 도를 닦는 사람. 수도자. 도꾼.

- **추존(推尊)** : 추앙(推仰)하여 존경(尊敬)함.

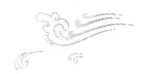

三. 정산종사 법어 한문·시어 법문

●정산종사 법어(鼎山宗師 法語)

정산종사 법어는 원불교 제2대 종법사였던 정산 송규종사가 지은 《세전》과 정산종사가 생전에 설한 법문들을 제자들이 수필하여 정산종사 열반 후 1972년에 15편으로 구성하여 《법어》로 편찬 발행하였다. 제1부 〈세전(世典)〉, 제2부 〈법어(法語)〉로 구성되었다.

♣ 정산종사(鼎山宗師)

1900년에 경상북도 성주에서 탄생하였다. 어려서 큰 스승을 만나 공부하겠다는 구도적인 열정으로 전라도까지 와 소태산 대종사의 제자가 되어 새 회상 원불교 창립에 소태산 대종사를 보필하였다. 소태산 대종사가 열반하자 제2대 종법사에 올라 교재정비·기관확립·정교동심·달본명근의 사대 경륜을 세우고 실천하다가 삼동윤리를 게송으로 남기고 1962년에 열반하였다. 성(姓)은 송(宋)씨이며, 법명(法名)은 규(奎), 호(號)는 정산(鼎山)이다.

만유화위일(萬有和爲一)

> 대종사께서 초창 당시에 몇몇 제자에게 글을 지으라 하시며 정산종사에게는 '일원(一圓)'이라는 제목을 주시매, '萬有和爲一 天地是大圓'이라 지으시니, 번역하면 '**만유는 일(一)로써 되고 천지는 크게 둥근 것**'이라 하심이러라.
>
> 《정산종사 법어》기연편 2장

萬有和爲一
만 유 화 위 일

天地是大圓
천 지 시 대 원

● 단어 · 숙어 ●

· **萬(만)** : 일만 · 크다 · 많다
· **和(화)** : 화하다
· **是(시)** : 이 · 이것 · ~이다

· **萬有(만유)** : 우주만물. 삼라만상(森羅萬象).
　　　　　　　우주 안에 존재하는 모든 것. 천지만물.

만유는 일(一)로써 되고,
천지는 크게 둥근 것이다. 《정산종사 법어》

만물은 어울리어 한덩이가 되고
천지는 커다란 원상이로다.

● 註 ●

· **일원(一圓)** : 원불교에서 우주만유의 궁극적인 진리를 상징하는 말로, '일원상(一圓相)' 또는 '일원상의 진리(一圓相 眞理)' 라고도 한다.

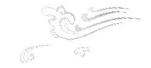

지기훈몽운만리
(地氣薰濛雲萬里)

> 정산종사 월명암에서 글을 지으시니 '地氣薰濛雲萬里 天心洞徹月中間'이라, 번역하면 **'땅 기운은 구름 만리 훈더이 적시우고, 하늘 맘은 달 중간에 깊숙히 사무치다'**라 하심이러라.
>
> 《정산종사 법어》 기연편 5장

地氣薰濛雲萬里
지 기 훈 몽 운 만 리

天心洞徹月中間
천 심 통 철 월 중 간

● 단어·숙어 ●
- **氣(기)**: 기운·공기·숨
- **薰(훈)**: 향풀·향기·감화시키다
- **濛(몽)**: 가랑비가 오다·흐릿하다
- **雲(운)**: 구름·습기
- **洞(통)**: 꿰뚫다 → 洞(동): 골·골짜기
- **徹(철)**: 통하다·뚫다·밝다
- **間(간)**: 사이·틈 閒(간)의 속자

· 洞徹(통철) : 막힘없이 환하게 통함. 깊이 살펴서 환하게 깨달음.

땅 기운은 구름만리 훈더이 적시우고,
하늘 맘은 달 중간에 깊숙히 사무치다.

《정산종사 법어》

땅의 기운(氣運)은 구름이 만 리를 가는 것처럼
넓게 온 세상에 훈훈(薰薰)한 기운이 가랑비에 옷이 젖듯이 감화(感化)되고,
하늘의 마음은 달이 떠있는 하늘 한가운데에서
막힘없이 환하게 비추는 것처럼 꿰뚫고 있다.

· **월명암(月明庵)** : 원불교 초기 교단과 인연이 깊은 절로 전라북도 부안군 변산반도에 있다. 신라 시대에 부설거사가 창건하고 그의 딸 월명이 수도하던 곳으로 진묵대사도 이곳에서 수도하였다. 소태산 대종사는 영산에서 방언공사가 마무리될 무렵에 월명암에 와서 주지인 백학명 선사와 만나 교유하였다. 정산종사는 이곳에서 잠시 학명 선사의 상좌로 있었다.

천지영기아심정
(天地靈氣我心定)

예전(禮典)을 편찬하시며 '영주(靈呪)'를 내리시니 **천지영기아심정**(天地靈氣我心定) **만사여의아심통**(萬事如意我心通) **천지여아동일체**(天地與我同一體) **아여천지동심정**(我與天地同心正)'이요, 그 후 다시 '청정주(淸淨呪)'를 내리시니 '**법신청정본무애**(法身淸淨本無碍) **아득회광역부여**(我得廻光亦復如) **태화원기성일단**(太和元氣成一團) **사마악취자소멸**(邪魔惡趣自消滅)'이러라.

《정산종사 법어》예도편 21장

天地靈氣我心定　　萬事如意我心通
천 지 영 기 아 심 정　　만 사 여 의 아 심 통

天地與我同一體　　我與天地同心正
천 지 여 아 동 일 체　　아 여 천 지 동 심 정　(영주)

法身淸淨本無碍　　我得廻光亦復如
법 신 청 정 본 무 애　　아 득 회 광 역 부 여

太和元氣成一團　邪魔惡趣自消滅
태 화 원 기 성 일 단　사 마 악 취 자 소 멸 (청정주)

● 단어 · 숙어 ●

- 靈(영) : 신령 · 영혼
- 氣(기) : 기운
- 通(통) : 통하다
- 與(여) : 주다 · 참여(參與)하다 · 더불어
- 體(체) : 몸
- 淨(정) : 깨끗하다
- 碍(애) : 막다 · 거리끼다 · 방해하다 → ※礙(애)의 속자(俗字)
- 得(득) : 얻다 → ※~하게 되다
- 復(부) : 다시 → ※復(복) : 회복하다
- 團(단) : 둥글다 · 덩어리 · 모이다
- 邪(사) : 간사하다 · 올바르지 않다
- 魔(마) : 마귀 · 악귀
- 惡(악) : 악하다 → ※惡(오) : 미워하다
- 趣(취) : 빨리 가다 · 달리다 · 향하다 · 미치다 · 뜻 · 재미
  → ※趣(촉) : 재촉하다
- 消(소) : 사라지다
- 滅(멸) : 없어지다

- 法身(법신) : 부처의 몸.
- 淸淨(청정) : 맑고 깨끗함.
   淸淨心(청정심) : 망념(妄念)을 버린 맑고 깨끗한 마음.
- 廻光(회광) : 자기의 본래 면목을 돌이켜 살펴봄 · 회광반조.
- 太和(태화) : 우주가 아직 분화(分化)되지 않았을 때의 본체(本體)를 나타내는 말.

- **元氣(원기)** : ①타고난 기운. ②심신의 정력. ③만물의 정기(精氣).
- **邪魔(사마)** : 수행을 방해하는 모든 경계(악마).
- **惡趣(악취)** : 불교에서 현세에서 악업(惡業)을 지어서 죽은 뒤에 가는 고통의 세계로 '악취미(惡趣味)'의 준말이다. 여기에는 지옥(地獄)·아귀(餓鬼)·축생(畜生)·수라(修羅)의 네 가지가 있다. 이것을 '악도(惡道:험한 길)' 또는 '악처(惡處)'라고도 한다.

*三善道 : 天上, 人間, 修羅.

천지의 신령스러운 기운이 내 마음에 머무니
만사가 뜻과 같아서 내 마음에 통하고,
천지가 나와 더불어 한 몸이니,
나도 천지로 더불어 한 마음으로 바르다.　《영주》

법신은 청정해서 본래 걸림이 없고,
나도 빛을 돌이키면 또한 다시 같다네.
우주 원기가 한 덩어리를 이루니,
사마악취가 스스로 소멸하게 된다.　《청정주》

하늘과 땅의 신령스러운 기운이 내 마음에 머무르니,
세상 모든 일이 나의 마음과 같아서 내 마음과 통하는구나.
하늘과 땅이 나와 한 몸이 되어 똑같으니,
나의 마음은 천지와 똑같은 마음으로 바르게 되네.

우주본체는 맑고 깨끗해서 본래 걸림이 없고,
나도 회광반조하면 나 또한 청정무애 그 자체라.
우주 본체의 기운이 한 덩어리를 이루면,
사마악취가 저절로 소멸하게 되느니라.

◉ 註 ◉

- **예전(禮典)** : 원불교 기본 교서(敎書)의 하나이다. 소태산 대종사 원기 11년에 허례(虛禮)를 폐지하고 예(禮)의 근본정신을 드러내고자 〈신정의례〉를 제정한 후 원기 20년 《예전(禮典)》을 편찬·발행하였다. 그 후 정산종사가 이를 더욱 수정 보완했다.

- **영주(靈呪)** : 원불교에서 많이 사용하는 주문(呪文)의 하나로, '지극히 신령스러운 힘을 가지고 있는 주문' 이라는 뜻이다. 이 주문은 천지(天地)의 기운과 나의 기운이 하나가 되기를 염원하는 내용이다.

- **청정주(淸淨呪)** : 원불교에서 많이 사용하는 주문(呪文)의 하나로 일체의 재액(災厄:재앙災殃)과 횡액(橫厄)을 면하고 원한(怨恨)을 풀며 죄업(罪業)에 물든 마음을 청정(淸淨)하게 하기 위하여 외운다. 이 청정주는 애착(愛着)·탐착(貪着)·원진(怨嗔)을 끊지 못하여 천도(薦度)받지 못한 영혼 천도를 위하여 많이 독송하는 주문이다.

계산파무울차아
(稽山罷霧鬱嵯峨)

> 원기 29년 갑신 10월 어느 날, 정산종사 옛 글 한 귀를 써 주시며 "국운(國運)과 교운(敎運)의 장래가 이러하리라" 하시니 '稽山罷霧鬱嵯峨 鏡水無風也自波 莫言春度芳菲盡 別有中流採芰荷' 라, 번역하면 '계산에 안개 개면 울창하고 높을지요, 경수에 바람 자도 잔물결은 절로 있다. 봄철 지나 꽃다운 것 다 시든다 말을 마라, 따로이 저 중류에 연밥 따는 철이 있다' 함이러라.
>
> 《정산종사 법어》 국운편 1장

稽山罷霧鬱嵯峨	鏡水無風也自波
계 산 파 무 울 차 아	경 수 무 풍 야 자 파
莫言春度芳菲盡	別有中流採芰荷
막 언 춘 도 방 비 진	별 유 중 류 채 기 하

● 단어 · 숙어 ●
- 稽(계) : 생각하다 · 머무르다
- 罷(파) : 마치다 · 그만두다 · 파하다

- 霧(무) : 안개
- 鬱(울) : 막히다 · 답답하다 · 무성하다
- 嵯(차) : 산이 높다 · 우뚝솟다
- 峨(아) : 산이 높다 · 산이 높고 험하다
- 波(파) : 물결
- 莫(막) : 없다 · 아니다 · (~하지)말라
- 芳(방) : 꽃답다 · 향기
- 菲(비) : 엷다 · 꽃답다
- 盡(진) : 다하다 · 없어지다
- 別(별) : 다르다 · 나누다 · 헤어지다 · 구분하다
- 採(채) : 캐다 · 따다
- 芰(기) : 마름풀(수초(水草)의 일종)
- 荷(하) : 연(蓮)

- 嵯峨(차아) : 산이 높고 험함.
- 鏡水(경수) : 거울 같이 맑은 물이 있는 호수.
- 也(야) : 시(詩) 또는 속어(俗語)에서 '역(亦:또)'의 의미로 쓰임.
  여기서 발전하여 현대 중국어[也:yě]에서도 '~도 또한'의 의미로 쓰임.
- 芳菲(방비) : 화초(花草)가 향기롭고 꽃다움.
- 芰荷(기하) : 마름과 연(蓮)으로 그 잎을 엮어 옷을 만들어 은인(隱人)이 입는다. (기련 芰連)

계산에 안개 개면 울창하고 높을지요,
경수에 바람 자도 잔물결은 절로 있다.
봄 지나 꽃다운 것 다 시든다 말을 마라,

따로이 저 중류에 연밥 따는 철이 있다.

《정산종사 법어》

계산에 낀 안개가 걷히면 울창하고 높은 산의 자태가 드러나고,
경수에 바람이 불지 않아도 잔잔한 물결은 저절로 일어난다.
봄이 이미 지나서 꽃 향기 가득한 화초가
모두 다 시들었다고 말을 하지 말지어다,
이것과는 별도로 흐르는 물 속(깨끗한 세상)에서 마름 풀과 연밥을 따는
때(은인隱人이나 도인道人, 연인을 만날 때)가 있을 것이다.

●註●

- **옛글 :** 칠언절구로 된 당나라 시를 추려 모은 연주시(聯珠詩)집에 나오는 작자 미상의 시이다.
- **국운(國運) :** 나라의 미래에 대한 운수·전망.
- **교운(敎運) :** 교단의 미래에 대한 운수·전망.

사은상생지(四恩相生地)

> 이듬해인 을유 7월, 부산에 가시사 초량교당 법당에 써 붙이시기를 '**사은상생지 삼보정위소**(四恩相生地 三寶定位所)'라 하시고, 시국의 진정을 위하여 기도하시니라.
>
> 《정산종사 법어》 국운편 2장

四恩相生地　三寶定位所
사 은 상 생 지　삼 보 정 위 소

● 단어 · 숙어 ●

- **恩(은)** : 은혜
- **相(상)** : 서로 · 형상
- **寶(보)** : 보배
- **定(정)** : 정하다
- **位(위)** : 자리
- **所(소)** : 곳 · 것 · 바

- **相生(상생)** : 인연이 서로 좋게 맺어져 잘 살게 되는 것. 오행(五行)에서 금(金)은 수(水)를, 수(水)는 목(木)을, ……, 토(土)는 금(金)을 낳음을 일컫는 말. ↔ 상극(相剋).
- **三寶(삼보)** : 이 세상에서 가장 소중한 보물 세 가지. 불보 · 법보 · 승보(佛寶 · 法寶 · 僧寶)를 말한다.

사은이 상생하는 땅이며
삼보가 자리잡는 곳이다.

이곳은 사은이 상생하는 곳이며
또한 삼보가 자리 잡은 곳이다.

● 註 ●

- **이듬해인 을유** : 원기30년, 1945년 8.15 광복되던 해.

- **초량교당** : 원기19년 소태산 대종사는 남부민지부 법당 신축 낙성기념식에 다녀오다가 김성명화의 안내로 이정혜 집에 들러 새로운 제자들을 만났다. 원기20년 초량 초등학교에서 소태산 대종사를 모시고 교리강습을 실시하여 법풍을 크게 진작하였고, 이듬해에 초량교당을 건축하여 신축 봉불식을 가졌다.

- **법당(法堂)** : 원불교에서 법신불 일원상을 봉안한 대각전을 법당이라고 한다. 원불교 교당의 중심 건물로 사찰의 대웅전이나 대적광전에 해당된다.

● 해방되기 한 달 전, 부산과 일본 하관 사이에서 미군 잠수함이 연락선을 엎는다. 또는 부산을 향하여 미군이 함포사격을 한다는 소문이 있을 때 **총부**에서는 부산에 있는 교무들을 총부로 오게 해야 한다, 또는 순직을 각오하고 그대로 교당을 지켜야 한다는 등 여러가지 의견이 있었다. 정산종사께서는 "가서 실정을 보아 취사해야겠다"하시고, 친히 부산으로 가셨다. 시국이 불안하면 교무들을 당리로 피신시킬 예정을 하고 초량교당 법당에 '**사은상생지 삼보정위소**(四恩相生地 三寶定位所)'라 써 붙이고 시국의 진정을 위하여 기도하시다가 8월 15일 총부를 향하여 오시던 도중 열차 안에서 해방되었다는 기쁜 소식을 들으시었다.

《한 울안 한 이치에》

효천뇌우일성후
(曉天雷雨一聲後)

산동교당에서 글을 지으시니 '曉天雷雨一聲後 萬戶千門次第開'라, 번역하면 '**새벽 하늘 우뢰 비 한 소리 뒤에, 모든 집 모든 문이 차례로 열리리라**' 하심이요, 이어 말씀하시기를 "근세의 동란이 갑오 동란을 깃점으로 하여 일어났나니 동란의 비롯이 이 나라에서 된지라 평화의 발상도 이 나라에서 되리라. 우리가 경제나 병력으로 세계를 어찌 호령하리요, 새 세상의 대운은 성현 불보살들이 주장하나니 이 나라의 새로운 대도덕으로 장차 천하가 한 집안 되리라." 또 말씀하시기를 "세계 대운이 이제는 동남으로 돌고 있으므로 앞으로 동남의 나라들이 차차 발전될 것이며 이 나라는 세계의 정신적 중심지가 되리라."

《정산종사 법어》 국운편 32장

曉天雷雨一聲後　萬戶千門次第開
효 천 뇌 우 일 성 후　만 호 천 문 차 제 개

● 단어 · 숙어

· 曉(효) : 새벽

· 雷(뢰) : 우뢰

- **聲(성)** : 소리
- **次(차)** : 버금 · 다음
- **開(개)** : 열다
- **戶(호)** : 지게 · 문 · 집 · 가옥
- **第(제)** : 차례

- **曉天(효천)** : 새벽녘. 새벽하늘.
- **雷雨(뇌우)** : 우뢰소리가 나며 내리는 비. 천둥비.
- **次第(차제)** : 차례(次例). ※차례로 : 그 즉시로. 곧이어.

새벽 하늘 우뢰비 한 소리 뒤에,
모든 집 모든 문이 차례로 열리리라. 《정산종사 법어》

한바탕 시끄러움이 지나고 나면
새 문명이 차츰차츰 열려 가리라.

註

- **산동교당** : 남원교당 교도인 이자동화 교도의 단독희사로 원기38년 이루어졌다. 이자농화는 물법을 신앙하는 불제사로 교당설립 8년전에 백우암을 건축하여 선방으로 사용하여 오다가 남원교당 교도였던 부군의 인도로 원불교에 입교하여 희사하게 되었다. 정산종사는 원기 38년 산동교당에서 1개월여를 정양하시었다.

- **갑오동란** : 1894년 전라북도 고부에서 시작된 농민들의 혁명운동, 동학혁명이 갑오년에 시작되었다하여 갑오라 이름 붙이고 이 혁명을 그 당시 정부에서 동학란이라 부르기도 하였다. 전봉준 등이 보국안민, 제폭구민 등의 기치를 들고 일어나 크게 위세를 떨치다 정부군과 청 · 일군의 출동으로 실패로 돌아갔다.

일원지광(一圓之光)

> 원기 34년 5월, 《원광(圓光)》을 창간하시며 '**일원지광 편조시방**(一圓之光 遍照十方)'이라는 제자(題字)를 내리시고, 다시 요언을 내리시기를 '무엇이나 진실한 일은 아무리 없애려 하여도 필경은 있어지는 것이요, 거짓된 일은 아무리 있으려 하여도 필경은 없어지고 마나니라.'
>
> 《정산종사 법어》경륜편 7장

一圓之光　遍照十方
　일　원　지　광　　　편　조　시　방

● 단어 · 숙어 ●

- **遍(편)** : 두루
- **照(조)** : 비추다 · 비치다

- **一圓(일원)** : 원불교에서 우주만유의 궁극적인 진리를 상징적으로 표현하는 말.
- **十方(시방)** : 앞에 있음 (54쪽)
  ● 삼세 : 시간적 구분.

일원의 광명,
시방에 두루 비추라.

● 註 ●

· **원광(圓光)** : 원기 34년에 창간된 원불교의 기관지,
  현재의 《월간 원광》을 일컬음.

· **제자(題字)** : 서적의 머리나 족자 또는 빗돌 같은 데에 쓴 글자.
  제서(題書).

명대실소(名大實小)

김대거(金大擧)에게 글을 주시니 '名大實小 後無可觀 最後勝利 實力爲上'이라, 번역하면 '**이름만 크고 실이 작으면 뒤에 가히 볼 것이 없고, 최후의 승리는 실력이 위니라**' 하심이요, 이어 말씀하시기를 "개인의 실력에 세가지가 있으니, 안으로 정력(定力)을 닦는 것과 진리를 연마(硏磨)하는 것과 계율(戒律)을 바르게 가지는 것이요, 교단의 실력에 세 가지가 있으니 안으로 교재를 정비하는 것과 교역자를 양성하는 것과 교단 경제를 안정케 하는 것이라, 우리 요인들과 우리 교단이 이 모든 실력을 잘 갖추는 동시에 안으로 서로 화합하고 밖으로 교우가 증가하면 교세의 발전은 스스로 그 가운데 있으리라."

《정산종사 법어》경륜편 33장

名大實小　後無可觀
명 대 실 소　후 무 가 관

最後勝利　實力爲上
최 후 승 리　실 력 위 상

● 단어 · 숙어 ●

· 實(실) : 열매
· 最(최) : 가장
· 利(리) : 이롭다

· 觀(관) : 보다
· 勝(승) : 이기다

· 可觀(가관) : ①꽤 볼 만함. ②꼴이 볼 만하다는 뜻으로 비웃을 때 쓰임.

이름만 크고 실(력)이 작으면 뒤에 가히 볼 것이 없고,
최후의 승리는 실력이 위니라.
참실력을 갖추어야 뒤에 가히 볼 것이니
최후의 승리를 위해 참 실력을 갖추어라.

《정산종사 법어》

● 註 ●

· 김대거(金大擧 1914~1998) : 법호는 대산(大山).
전라북도 진안에서 태어나 소태산 대종사가 만덕산 만덕암에서 새 회상 최초로 12제자와 1개월간 선(禪)을 날 때 조모 누덕송옥과 11세의 나이로 참여하여 인연이 되었다. 16세에 출가하여 소태산 대종사와 은부자(恩父子)의 의를 맺었다. 소태산 대종사 열반후 종법사에 오른 정산종사를 보필하다가 원기47년에 정산종사가 열반하자 후계 종법사로 추대되어 원기79년 좌산 이광정 후계 종법사에게 양위(讓位)하기까지 33년간 교단의 대표로 헌신하다가 원기83년 열반하였다. 법위는 대각여래위로 종사의 법훈을 서훈받았다.

기함영지(氣含靈知)

말씀하시기를 "기(氣)가 영지(靈知)를 머금고 영지가 기를 머금은지라, 기가 영지요 영지가 곧 기니, 형상있는 것 형상 없는 것과 동물 식물과 달리는 것 나는 것이 다 기의 부림이요 영의 나타남이라, 대성(大性)이란 곧 영과 기가 합일하여 둘 아닌 자리니라" 하시고 '氣含靈知 靈知含氣 氣則靈知 靈知則氣 有相無相 動物植物 走者飛者 氣之所使 靈知所現 大性者卽靈氣合一無二者也'라 써 주시니라.

《정산종사 법어》원리편 14장

氣含靈知
기 함 영 지

靈知含氣
영 지 함 기

氣則靈知
기 즉 영 지

靈知則氣
영 지 즉 기

有相無相
유 상 무 상

動物植物
동 물 식 물

走者飛者
주 자 비 자

氣之所使　靈知所現
기 지 소 사　영 지 소 현

大性者卽靈氣合一無二者也
대 성 자 즉 영 기 합 일 무 이 자 야

● 단어 · 숙어 ●

- 含(함) : 머금다
- 卽(즉) : 곧
- 物(물) : 만물
- 者(자) : 놈 · 사람
- 使(사) : 하여금
- 卽(즉) : 곧
- 靈(령) : 신령
- 動(동) : 움직이다
- 走(주) : 달리다
- 飛(비) : 날다
- 現(현) : 나타나다

- 有相(유상) : 존재하는 일. 인연에 따라 생멸(生滅)하는 모든 것. ↔ 무상(無相)
- 無相(무상) : 진리의 본체는 모든 상을 떠났다는 말. 형상이 없는 것.
- 靈知(영지) : 불가사의 한 지혜. 반야지. 정신의 지혜.
- 大性(대성) : 우주의 본체. 근본.

기(氣)가 영지(靈知)를 머금고 영지가 기를 머금은지라,
기가 곧 영지요 영지가 곧 기니,
형상있는 것 형상 없는 것 동물 · 식물과 달리는 것 나는 것이
다 기의 부림이요 영의 나타남이라.
대성(大性)이란 곧 영과 기가 합일하여 둘 아닌 자리니라.

《정산종사 법어》

정즉합덕(靜則合德)

학인이 묻기를 "기(氣)와 영지(靈知)가 둘이 아니라 하셨사온데 어찌하여 식물에는 영지를 볼 수 없나이까." 답하시기를 "만물이 화생하는 데 구분이 있나니, 영지가 주가 되어 기운을 머금은즉 동물이 되고, 기운이 주가 되어 영지를 머금은 것이 식물이라, 동물은 개령이 있으나 식물은 대령만 있나니라." 또 묻기를 "대령과 개령의 관계는 어떠하나이까." 답하시기를 "**마음이 정한즉 대령에 합하고 동한즉 개령이 나타나, 정즉합덕**(靜則合德)**이요 동즉분업**(動則分業)**이라, 사람이 죽어서만 대령에 합치는 것이 아니라 생사일여**(生死一如)**니라.**"

《정산종사 법어》원리편 15장

靜則合德　動則分業　生死一如
정 즉 합 덕　동 즉 분 업　생 사 일 여

● 단어 · 숙어 ●

- **靜**(정) : 고요하다
- **動**(동) : 움직이다

· 則(즉) : 곧
· 德(덕) : 덕 · 크다
· 業(업) : 일

· 一如(일여) : 진여의 이치가 평등하고 차별이 없어 둘이 아니고 하나임.

마음이 정한즉 덕에 합하고,
마음이 동한즉 업으로 나뉘어진다(업을 짓는다).
삶과 죽음이 하나이다.

◉ 註 ◉

· 대령(大靈) : 우주 안에 가득찬 소소영령한 진리.
우주 안에 있는 모든 생령중에서 가장 근본되는 신령.

· 개령(個靈) : 우주의 대령으로부터 품수된 개별적 영성.
우주만물 하나하나가 갖고 있는 개별적인 영.

수기망념(修其妄念)

> 또 말씀하시기를 "**수양은 망념을 닦고 진성을 기름**(修其妄念 養其眞性)이 그 대지요, **연구는 지혜를 연마하며 본원을 궁구함**(研其智慧 究其本源)이 그 대지요, **취사는 중정을 취하고 사곡을 버림**(取其中正 捨其邪曲)이 그 대지니라."
>
> 《정산종사 법어》경의편 19장

修其妄念　養其眞性
수 기 망 념　양 기 진 성

研其智慧　究其本源
연 기 지 혜　구 기 본 원

取其中正　捨其邪曲
취 기 중 정　사 기 사 곡

● 단어 · 숙어 ●

- 妄(망) : 망녕되다
- 硏(연) : 연구하다 · 갈다
- 慧(혜) : 슬기 · 지혜
- 源(원) : 근원
- 捨(사) : 버리다

- 養(양) : 기르다
- 智(지) : 슬기 · 지혜
- 究(구) : 궁구하다 · 궁리하다
- 取(취) : 취하다
- 邪(사) : 사악하다 · 간사하다

- **曲(곡)** : 구부러지다

- **妄念(망념)** : 망령된 생각.
- **眞性(진성)** : 본래의 성품. 진여(眞如).
- **智慧(지혜)** : 사물을 분별하는 마음의 작용. 슬기.
- **本源(본원)** : 근본이 되는 뿌리.
- **中正(중정)** : 지나치거나 모자람이 없이 곧고 바름.
- **邪曲(사곡)** : 요사(妖邪)스럽고 마음이 바르지 못함.

수양은 망념을 닦고 진성을 기르는 것이요,
연구는 지혜를 연마하며 본원을 궁구함이요,
취사는 중정을 취하고 사곡을 버림을 이름이니라.

《정산종사 법어》

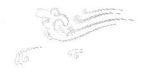

귀의불양족존(歸依佛兩足尊)

학인의 삼귀의에 대한 질문에 답하기를 "**귀의불 양족존(歸依佛兩足尊)이라 함은 복족 혜족한 선각자에게 의지하여 사는 것이니,** 저 초목의 종자가 땅을 만나야 뿌리를 박고 생장하듯이 복혜 양족한 선각자이신 부처님에게 마음의 뿌리를 단단히 박고 순역경계에 흔들리지 아니할 굳은 신앙에 살며, 안으로 자심불에 의지하여 공부해 나가자는 것이요, **귀의법 이욕존(歸依法離慾尊)**이라 함은 **부처님의 법에 의지하여 욕심을 여임이니** 거미가 줄을 타고 살듯이 우리는 불성의 법도와 규칙을 타고 살며, 안으로 자성을 회광반조하여 공부해 나가자는 것이요, **귀의승 중중존(歸依僧衆中尊)**이라 함은 **도덕 높은 스승에 의지하여 공부함이니**, 승려나 교역자들뿐 아니라 착하고 신앙심 있는 모든 사람으로부터 모든 성현에 이르기까지 선지식에 의지하여 진리와 도덕을 배우며, 안으로 자기 양심을 스승삼고 공부해 나가자 함이니라."

《정산종사 법어》경의편 49장

歸依佛兩足尊 歸依法離慾尊
귀 의 불 양 족 존　귀 의 법 이 욕 존

歸依僧衆中尊
귀 의 승 중 중 존

● 단어 · 숙어

- 歸(귀) : 돌아오다 · 돌아가다
- 佛(불) : 부처
- 離(리) : 떠나다
- 僧(승) : 중
- 依(의) : 의지하다
- 尊(존) : 높다
- 慾(욕) : 욕심
- 衆(중) : 무리

- 歸依(귀의) : 삼귀의(三歸依)를 일컬음. 불(佛) · 법(法) · 승(僧)의 삼보에 돌아가 의지한다 · 귀의한다는 말. 즉 석가모니 부처님 · 석가모니 부처님의 가르침 · 그 가르침에 따르는 교단에 귀의한다는 것. 삼귀 또는 삼귀계(三歸戒)라고도 한다.

귀의불(歸依佛) : 불보에 귀의하여 스승을 삼는 것.
귀의법(歸依法) : 법보에 귀의 하여 약(藥)을 삼는 것.
귀의승(歸依僧) : 승보에 귀의하여 벗으로 삼는 것.

● 귀의불 양족존(歸依佛 兩足尊) : 귀의불 무상존(歸依佛 無上尊)이라고도 하며, 부처님은 이 세상에서 최상무위의 존귀한 분으로 중생이 모두 귀의한다는 것.

● 귀의법 이욕존(歸依法 離慾尊) : 귀의법 이진존(歸依法 離塵尊)이라고도 하며, 불법은 일체의 망진(妄塵)을 떠나 청정한 법이므로 귀의한다는 것.

● 귀의승 중중존(歸依僧 衆中尊) : 귀의승 화합존(歸依僧 和合尊)이라고도 하며, 승(僧)은 일체의 대중 가운데에 가장 존귀한 분신이므로 승에게 귀의한다는 것.

복족 혜족한 선각자에게 의지하여 사는 것,
부처님 법에 의지하여 욕심을 여읨,
도덕 높은 스승에 의지하여 공부함.

복과 혜를 다 갖춘 부처님께 돌아가 의지합니다.
욕심을 떠난 법에 돌아가 의지합니다.
법 높은 스님들께 돌아가 의지합니다.

《정산종사 법어》

도기장존사불입
(道氣長存邪不入)

> 학인이 묻기를 "동학의 글에 '복록은 한울님께 빌고 수명은 내게 빌라' 한 말씀은 무슨 뜻이오니까." 말씀하시기를 "인과보응의 이치는 곧 하늘의 공도니 죄복의 인을 따라 과를 받는 것은 공공한 천지에게서 받을 것이요, 불생불멸의 원리를 깨쳐 한량없는 수(壽)를 얻는 이치는 천도를 깨달으신 성인에게 배울 것이니, 그러므로 당신에게 빌라 하신 것이니라." 후일에 말씀하시기를 "동학의 글에 '**도기장존사불입**(道氣長存邪不入) **세간중인부동귀**(世間衆人不同歸)'라 하신 도귀(道句)는 끝 귀를 '**일심청정만사안**(一心淸淨萬事安)'이라 하였으면 더 좋지 않겠는가" 하시니라.
>
> 《정산종사 법어》경의편 64장

道氣長存邪不入　世間衆人不同歸
도 기 장 존 사 불 입　　세 간 중 인 부 동 귀　(동학)

一心淸淨萬事安
일 심 청 정 만 사 안　(정산종사)

● 단어·숙어 ●

- **存(존)** : 있다 · 존재하다 · 살아있다.
- **邪(사)** : 간사하다
- **衆(중)** : 무리 · 많은 사람 · 많은 물건
- **歸(귀)** : 돌아가다 · 돌려보내다
- **淸(청)** : 맑다
- **淨(정)** : 깨끗하다

◉道氣長存邪不入 世間衆人不同歸
동경대전에 있는 최수운의 입춘시(立春詩)이다.
- **도기(道氣)** : 도의 기운이라는 뜻으로, 수련에 지극하게 정진함으로써 생기게 되는 떳떳하고 당당한 기운을 말함.
- **세간중인(世間衆人)** : 세상의 뭇 사람이라는 뜻으로, 선천의 잘못된 습관을 지니고 바르지 못한 삶을 사는 세상의 어리석은 사람들을 말함.

◉본 입춘시는 최수운이 득도하기 전인 기미년(己未年, 1859)에 울산지역에서 다시 용담(龍潭)으로 돌아와 불출산외(不出山外)를 맹세하고 수련에 임하다가, 입춘절을 맞아 마음을 더욱 새롭게 다짐하기 위하여 지은 시이다. 특히 이 때에 최수운은 처음의 이름이었던 '제선(濟宣)'을 '제우(濟愚)'로 바꾸며, 그 결의를 새롭게 했다.

도의 기운이 길이 함께 있어 사악함이 들어오질 못하네,
세상의 어리석은 뭇 사람들과 한 가지로 돌아가지 않으리,
한 마음이 청정하면 모든 일이 편안하다.

● 註 ●

- **동학(東學)** : 1860년 최수운이 세운 조선조 말기의 대표적인 신종교로

오늘날의 천도교를 일컬음. 조선조 말기 이후의 한국 신종교 중에서 동학혁명, 3·1운동을 주도하는 등 한국 사회에서 큰 업적을 남겼다.
· **동학의 글 :** '복록은 한울님께 빌고 수명은 내게 빌라' : 이 글은 동학의 《용담유사》〈안심가〉에 나오는 '한울님께 복록 정해 수명(壽命)일랑 내게 비네' 라는 구절이다.

......
개같은 왜적놈아 너희 신명 (身命) 돌아가라
너희 역시 하륙(下陸)해서 무슨 은덕 있었던고
전세 임진 (前世 壬辰) 그때라도 오성·한음 없었으면
옥쇄보전 뉘가 할꼬 아국 명현(我國明賢) 다시 없다.
나도 또한 한울님께 옥새보전 봉명 (奉命)하네
무병지란(無兵之亂) 지낸 후에 살아나는 인생들은
한울님께 복록정해 수명일랑 내게 비네.
내나라 무슨 운수 그다지 기험(崎險) 할꼬
거룩한 내집 부녀(婦女) 자세 보고 안심하소
개같은 왜적놈아 전세 임진 왔다가서
술싼일 못 했다고 쇠술로 안먹는 줄
세상사람 뉘가 알꼬 그역시 원수로다.
만고 충신 김덕령이 그때 벌써 살았으면
이런 일이 왜 있을꼬
소인 참소 (小人 讒訴) 기험하다
불과 삼삭 (不過三朔) 마칠 것은 팔년지체 (八年遲滯) 무슨 일고
나도 또한 신선으로 이런 풍진 무슨 일고
나도 또한 한울님께 신선이라 봉명해도
이런 고생 다시 없다 세상음해 (世上陰害) 다하더라.   〈중략〉

· **안심가(安心歌) :** 동학의 여성관을 밝힌 글.

심심창해수(心深滄海水)

> 말씀하시기를 "옛 말씀에 '**심심창해수(心深滄海水)요 구중곤륜산(口重崑崙山)**'이라 하였나니, 마음을 쓰되 창해수같이 깊고 깊어서 가히 헤아릴 수 없이 하고, 입을 지키되 곤륜산같이 무겁게 하라. 안으로 큰 사람이 되어 갈수록 그 심량을 가히 헤아리지 못하나니, 작은 그릇은 곧 넘쳐 흐르나 큰 그릇은 항상 여유가 있나니라."
>
> 《정산종사 법어》 권도편 53장

心深滄海水　口重崑崙山
심심창해수　구중곤륜산

● 단어·숙어 ●

- 深(심) : 깊다
- 滄(창) : 푸르다
- 重(중) : 무겁다
- 崑(곤) : 산 이름
- 崙(륜) : 산 이름

- 滄海(창해) : 넓고 큰 바다.
- 崑崙山(곤륜산) : 중국의 전설에 나오는 높고 신성한 산.

황하(黃河)의 원류로 중국 서쪽에 있다. 옥(玉)이 나오고, 선녀 서왕모가 살며, 불사(不死)의 물이 흐른다고 믿어졌던 서방의 낙토(樂土).

마음은 창해수같이 깊게
입은 곤륜산같이 무겁게.

해유자작(害由自作)

영산에서 학인들에게 말씀하시기를 "**밖으로 죄해가 돌아오는 것은 전생 금생에 내가 스스로 지은 것이요, 사은의 이치는 항상 여여하여 변함이 없나니라. 선은 선으로써 나를 깨우쳐 주고 악은 악으로써 나를 깨우쳐 주나니, 아울러 나를 인도하는 좋으신 선생이라. 생각생각이 항상 이와 같으면 당하는 곳마다 길이 평화를 보존하나니라**" 하시고, '害由自作 恩本無窮 善惡之師 竝導我善 念念如是 永保其和' 라 써 주시니라.

《정산종사 법어》응기편 4장

害由自作   恩本無窮   善惡之師
해 유 자 작   은 본 무 궁   선 악 지 사

竝導我善   念念如是   永保其和
병 도 아 선   념 념 여 시   영 보 기 화

● 단어 · 숙어 ●

- **害(해)** : 해치다
- **窮(궁)** : 다하다 · 끝나다
- **竝(병)** : 아우르다(≒並)

- **導(도) :** 이끌다 · 인도(引導)하다
- **永(영) :** 길다 · 오래
- **保(보) :** 보호하다 · 지키다

- **無窮(무궁) :** 시간 또는 공간이 끝이 없음. 한이 없음.

해는 스스로 짓는 것으로 말미암고,
은(恩)은 본래 무궁한 것이니,
선악의 스승이, 아울러 나를 선으로 인도한다.
생각생각이 이와 같으면, 영원히 그 화함을 보존하리라.

밖으로 죄해가 돌아오는 것은 전생 금생에 내가 스스로 지은 것이요,
사은의 이치는 항상 여여하여 변함이 없나니라.
선은 선으로써 나를 깨우쳐 주고 악은 악으로써 나를 깨우쳐주나니,
아울러 나를 인도하는 좋으신 선생이라.
생각생각이 항상 이와 같으면 당하는 곳마다 길이 평화를 보전하나니라.

《정산종사 법어》

● 註 ●
- **영산(靈山) :** 전라남도 영광군 백수읍 길룡리 일원.
소태산 대종사가 태어나 구도하고 대각을 이룬 후 새 회상의 교문을 연 원불교의 발상지를 영산이라고 부른다. 정산종사는 이곳 영산학원에서 후진을 양성하였다.

발대원(發大願)

　　이중정(李中正)에게 글을 내리시니 '發大願, 營私利己 如露如烟 成佛濟衆 萬願之宗. 立大信, 妙無他妙 寶無他寶 鐵柱中心 石壁外面. 起大忿, 絶利一源 用師百倍 三反晝夜 用師萬倍. 懷大疑, 大信之下 必有大疑 一心所到 金石可透. 行大誠, 眞實無僞 內外不二 始終一貫 天地同功. 運一圓道 濟無量生 脫永劫苦'라, 번역하면 '큰 원(願)을 발(發)하라. 사를 경영하고 저만 이롭게 함은 이슬 같고 연기 같으니, 부처되어 중생 건지려 함이 모든 원의 머리니라. 큰 믿음을 세우라. 묘함이 다른 묘함이 없고 보배가 다른 보배가 없으며, 철주의 중심이요 석벽의 외면이니라. 큰 분을 일으키라. 이익을 한 근원에 끊으면 큰 공이 백 배요, 세 번 주야를 반복하면 그 공이 만 배라 하였나니라. 큰 의심을 품으라. 큰 믿음 아래 큰 의심이 있나니, 일심 이르는 곳에 금석도 뚫으리라. 큰 정성으로 행하라. 진실되어 거짓 없으면 안과 밖이 둘이 아니요, 시종이 한결 같으면 천지로 공이 같으리라. 일원대도 운전하여 무량중생 제도하고 영겁 고를 해탈하라' 하심이러라.

《정산종사 법어》응기편 6장

發大願,
발대원

營私利己　如露如烟　成佛濟衆　萬願之宗
영사이기　여로여연　성불제중　만원지종

立大信,
입대신

妙無他妙　寶無他寶　鐵柱中心　石壁外面
묘무타묘　보무타보　철주중심　석벽외면

起大忿,
기대분

絶利一源　用師百倍　三反晝夜　用師萬倍
절리일원　용사백배　삼반주야　용사만배

懷大疑,
회대의

大信之下　必有大疑　一心所到　金石可透
대신지하　필유대의　일심소도　금석가투

行大誠,
행대성

眞實無僞　內外不二　始終一貫　天地同功
진실무위　내외불이　시종일관　천지동공

運一圓道　濟無量生　脫永劫苦
운일원도　제무량생　탈영겁고

◉ 단어 · 숙어 ◉

- 發(발) : 쏘다 · 가다 · 떠나다
- 營(영) : 경영하다 · 짓다 · 꾀하다
- 烟(연) : 연기(＝煙)
- 寶(보) : 보배
- 壁(벽) : 벽
- 忿(분) : 성내다 · 화내다
- 倍(배) : 곱 · 두 배
- 懷(회) : 품다 · 가슴
- 到(도) : 이르다
- 僞(위) : 거짓 · 속이다 · 작위(作爲)
- 運(운) : 돌다 · 구르다 · 운수(運數)
- 貫(관) : 뚫다
- 脫(탈) : 벗다
- 願(원) : 원하다
- 露(로) : 이슬 · 드러내다
- 濟(제) : 건너다 · 건지다
- 鐵(철) : 쇠
- 起(기) : 일어나다 · 일으키다
- 絶(절) : 끊다
- 晝(주) : 낮
- 疑(의) : 의심하다
- 透(투) : 통하다
- 量(량) : 헤아리다
- 劫(겁) : 오랜 세월 · 위협하다

- 成佛濟衆(성불제중) : 진리를 깨쳐 부처를 이루고 자비 방편을 베풀어 일체중생을 고해에서 건지는 것. 상구보리 하화중생의 뜻. 모든 수행자의 구경 목적.
- 石壁外面 鐵柱中心(석벽외면 철주중심) : 신심이 확고하고 정신수양이 잘된 상태를 표현한 말. 신심이 투철하고 정신수양이 잘 되어 경계의 유혹에 마음이 조금도 흔들리거나 끌리지 않아서 돌로 쌓은 벽이나 쇠기둥처럼 흔들리지 않는다는 뜻.
- 絶利一源(절리일원) : 이로움을 한 근원에 끊는다.
  (기능을 한 곳에 집중함)
- 用師百倍(용사백배) : 스승을 따르는 것보다 백 배나 낫다.
- 永劫(영겁) : 시작도 없고 끝도 없는 영원한 세월. 하늘과 땅이 한번 개벽할 때부터 다음 개벽할 때까지의 기간을 이른다.

큰 원(願)을 발(發)하라.
사(私)를 경영하고 저만 이롭게 함은 이슬 같고 연기 같으니,
부처 되어 중생 건지려 함이 모든 원(願)의 머리니라.
큰 믿음을 세우라.
묘함이 다른 묘함이 없고 보배가 다른 보배가 없으며,
철주의 중심이요 석벽의 외면이니라.
큰 분을 일으키라.
이익을 한 근원에 끊으면 큰 공이 백 배요,
세 번 주야를 반복하면 그 공이 만 배라 하였느니라.
큰 의심을 품으라.
큰 믿음 아래 큰 의심이 있나니,
일심 이르는 곳에 금석도 뚫으리라.
큰 정성을 행하라.
진실되어 거짓 없으면 안과 밖이 둘이 아니요,
시종이 한결같으면 천지로 공이 같으리라.
일원대도 운전하여 무량중생 제도하고 영겁 고를 해탈하라.

《정산종사 법어》

눈이 보이지 않는 사람은 귀로 더 잘 듣고,
귀가 어두운 사람은 눈으로 더 잘 본다.
자기에게 유리한 오관은 기능을 한 곳에 집중하면
스승에게 배우는 것보다 열 배나 낫다.

눈이 어두운 사람은 그 정신이 듣는 것에 몰두하고,
귀가 어두운 사람은 그 정신이 보는 일에 몰두한다.
만약 거듭거듭 생각해서 주야를 반복하면
순일한 정신이 스승을 따라 배우는 것보다 만 배나 더한다.
이것을 스스로 스승을 얻었다고 한다.

《음부경》서대춘 주(徐大椿 注)》

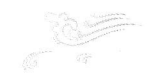

· **이중정(李中正 1926~　)** : 법호는 민산(敏山). 전라남도 영광에서 태어나 원기 27년 출가하여 유일학림 1기로 수학하고, 원광대학교 · 동산선원 교무와 중앙훈련원 부원장 · 마산교구장을 역임하였다. 교육계에서 후진을 양성하고, 교화계에서는 지역 종교지도자들과 교류하면서 삼동윤리 실천에 앞장섰다. 법위(法位)는 출가위로 종사의 법훈을 서훈받았다.

송죽이경설득기절
(松竹以經雪得其節)

학인들에서 글을 주시니 '松竹以經雪得其節 菩薩以忍辱養其心. 忍辱之工 初如筍 中如竹 終如泰山喬嶽 有萬歲不拔之力. 恢心之功 初如溪 中如江 終如大海滄洋 有不可思議之量也. 客塵之撓撓 雖朝暮而變幻 眞性之如如 亘萬古以長存. 不逐物移 是名上根 廻光返照 是爲佛道' 라, 번역하면 '송죽은 상설을 지냄으로써 그 절개를 얻고, 보살은 인욕으로써 그 마음을 기르나니, 인욕의 공부는 처음에는 죽순 같고 다음에는 대 같고 마침내는 태산 교악 같아 만세에 뽑지 못할 힘이 있고, 마음 넓히는 공부는 처음에는 시내 같고 다음에는 강(江) 같고 마침내는 대해 창양 같아서 불가사의한 역량이 있나니라. 객진의 요요함은 비록 조석으로 변환하나, 참 성품의 여여함은 만고를 통하여 길이 있나니, 물(物)을 따라 옮기지 아니하면 이것을 상근기라 이름하고 빛을 돌이키어 자성에 비치면 이것이 곧 불도니라' 하심이러라.

《정산종사 법어》응기편 36장

松竹以經雪得其節 菩薩以忍辱養其心
송 죽 이 경 설 득 기 절   보 살 이 인 욕 양 기 심

忍辱之工 初如筍 中如竹
인 욕 지 공   초 여 순   중 여 죽

終如泰山喬嶽 有萬歲不拔之力
종 여 태 산 교 악   유 만 세 불 발 지 력

恢心之功 初如溪 中如江
회 심 지 공   초 여 계   중 여 강

終如大海滄洋 有不可思議之量也
종 여 대 해 창 양   유 불 가 사 의 지 량 야

客塵之撓撓 雖朝暮而變幻
객 진 지 요 요   수 조 모 이 변 환

眞性之如如 亘萬古以長存
진 성 지 여 여   긍 만 고 이 장 존

不逐物移 是名上根
불 축 물 이   시 명 상 근

廻光返照 是爲佛道
회 광 반 조   시 위 불 도

● 단어 · 숙어 ●

· 經(경) : 나다 · 지내다
· 雪(설) : 눈 · 눈오다
· 菩(보) : 보살
· 養(양) : 기르다 · 자라게 하다
· 筍(순) : 죽순
· 喬(교) : 높다 · 높이 솟다

· 節(절) : 마디 · 절개
· 得(득) : 얻다.
· 薩(살) : 보살
· 辱(욕) : 욕되다
· 終(종) : 마침내 · 끝나다
· 嶽(악) : 큰 산(≒岳)

- 歲(세) : 해
- 恢(회) : 넓다
- 滄(창) : 강 이름·차다
- 議(의) : 의논하다
- 撓(요) : 어지럽다 ※휘다·휘어지다(뇨)
- 雖(수) : 비록
- 變(변) : 변하다(≒変)
- 亘(긍) : 걸치다·뻗치다·통하다
- 逐(축) : 쫓다
- 拔(발) : 빼다·뽑다
- 溪(계) : 시내
- 洋(양) : 큰 바다
- 塵(진) : 티끌
- 暮(모) : 저물다
- 幻(환) : 변하다·미혹(迷惑)하다
- 移(이) : 옮기다

- 松竹(송죽) : 소나무와 대나무.
- 菩薩(보살) : 사홍서원을 세우고 육바라밀을 수행하며 자리이타법을 행하면서 위로는 보리를 구하고 아래로는 중생을 제도하려고 하는 수행자.
- 忍辱(인욕) : 육바라밀의 하나로 온갖 모욕과 괴로움을 참고 원한을 갖지 않으며 마음을 편안하게 하는 수행.
- 泰山喬嶽(태산교악) : 높고 큰 산과 웅장한 봉우리. 사람의 인품이나 능력이 뛰어나 모든 사람들로부터 존경과 신뢰를 받을 만한 것을 비유함.
- 不可思議(불가사의) : 인간이 '가히 생각과 의논할 수가 없다'는 뜻으로, 본래 성품. 사량·계교로써는 가히 알 수도 얻을 수도 없음을 나타냄.
- 客塵(객진) : ①객지에서 받는 풍진(風塵:바람과 티끌·세상의 속된 일 또는 속세). ②〔불〕번뇌(煩惱). 번뇌는 먼지처럼 미세하고 많아서 한 곳에 머물지 않기 때문.
- 撓撓(요요) : 흔들리는 모양. 움직이는 모양.
- 逐物移(축물이) : 물질을 따라 옮겨감.
- 上根(상근) : 불도를 잘 닦는 사람. 상기(上機). 상근기(上根機).
- 廻光返照(회광반조) : 자기 본래의 진면목(眞面目:참 모습)을 돌이켜 살펴보는 것.

송죽은 상설을 지냄으로써 그 절개를 얻고,
보살은 인욕으로써 그 마음을 기르나니,
인욕의 공부는 처음에는 죽순 같고 다음에는 대 같고
마침내는 태산 교악 같아 만세에 뽑지 못할 힘이 있고,
마음 넓히는 공부는 처음에는 시내 같고 다음에는 강(江) 같고
마침내는 대해 창양 같아서 불가사의한 역량이 있나니라.
객진의 요요함은 비록 조석으로 변환하나,
참 성품의 여여함은 만고를 통하여 길이 있나니,
물(物)을 따라 옮기지 아니하면 이것을 상근기라 이름하고
빛을 돌이키어 자성에 비치면 이것이 곧 불도니라.

《정산종사 법어》

소나무와 대나무는 눈내리는 겨울을 지나봐야 그 절개 곧음을 알 수 있고,
보살은 욕됨을 참고 견딤으로써 그 마음을 수양하느니,
욕됨을 참는 공부는 처음에는 어리고 약한 죽순 같지만
다음에 자라면서 꼿꼿한 대나무 같고 맨 나중에는 높고 큰 태산이나
교악과 같아서 오랜 세월에 걸쳐서 뽑아도 뽑지 못할 큰 힘을 갖게 되고,
마음을 넓게 갖는 공부는 처음에는 작은 시냇물이 흐르는 것 같지만
다음에는 흐르는 강(江) 같고 맨 나중에는 큰 바다 푸른 대양 같아서
가히 헤아릴 수 없는 역량이 있느니라.
속세 번뇌의 움직임(흔들림)은 비록 아침 저녁으로 변하지만,
참된 성품의 변하지 않음은 오랜 세월에 걸쳐서 길이(오래도록) 존재하나니,
물(物)을 좇아 옮기지 아니하면 이것을 불도를 잘 닦는 사람이라고 이름짓고,
참모습을 돌이켜 비춰보고 살피면 이것을 불도라고 한다.

방원합도(方圓合道)

> 이은석, 김정용에게 글을 주시니 '方圓合道'라 '**모나고 둥글기를 도에 맞게 하라**' 하심이요, 이중정에게 글을 주시니, '中正之道'라 '**중정의 길을 잡으라**' 하심이요, 시자에게 글을 주시니 '力行不惑'이라 '**힘써 행하며 미혹되지 말라**' 하심이러라.
>
> 《정산종사 법어》응기편 36장

方圓合道
방 원 합 도

中正之道
중 정 지 도

力行不惑
역 행 불 혹

● 단어 · 숙어 ●

- 方(방) : 모서리
- 不(불) : 아니다(부정사)
- 之(지) : ~의(관형격 조사) · 가다 · 이
- 惑(혹) : 미혹하다 · 의심하다 · 정신이 헷갈리게 하다

- 中正(중정) : 과불급(過不及)이 없고 곧고 올바른 것. 바르고 정직한 행동.

모나고 둥글기를 도에 맞게 하라.
중정의 길을 잡으라.
힘써 행하며 미혹되지 말라. 《정산종사 법어》

절도있고 원만함을 도리에 맞게 함이
중용의 길이며 정당한 길이니,
이를 힘써 실천하여 의혹됨이 없게 하라.

● 註 ●

- **이은석 : (李恩錫 1925~1982)** : 법호는 한산(閑山).
  전라남도 영광에서 태어나 정산종사의 추천으로 전무출신하여 총무부장 등을 역임했다. 지혜와 역량이 뛰어나고 특히 교리와 교단사에 밝아 원광대학교와 동산선원에서 많은 후진을 양성하였다.

- **김정용(金正勇 1939~)** : 법호는 문산(文山).
  전라북도 정읍에서 태어나 소태산 대종사와 정산종사의 화해제우장을 마련 했던 조모 김해운과 부친의 영향으로 뿌리를 원불교에 두고 성장하였다. 원기24년 출가하여 군산교당 교무를 거쳐 원광대학교 교수와 총장을 역임했다. 법위는 출가위로 종사의 법훈을 서훈받았다.

- **이중정(李中正)** : 앞에 있음. (108쪽)

- **시자(侍者)** : 이공전(李空田 1927~)을 가리킴. 법호는 범산(凡山).
  전라남도 영광에서 태어나 집안 대대로 뿌리깊은 새 회상과의 인연으로 원기 25년 출가하였다. 정산종사 법무실장으로 정산종사를 보필하고 새 회상 경전을 결집한 〈정화사〉의 실무책임을 맡아 모든 교서의 결집을 완성하였다. 교단의 논설 시론을 이끌었고 각종 사적비 비문들을 지었다. 법위는 출가위로 종사의 법훈을 서훈받았다.

양성지본(養性之本)

> 박장식(朴將植)에게 글을 주시니 '養性之本 運心蕩蕩 優優自在 鍊成金剛'이라, 번역하면 '수양 공부 근본은 마음 널리 씀이니, 넉넉하고 수월히 금강 성품 이루라' 하심이러라.
>
> 《정산종사 법어》 응기편 38장

養性之本　運心蕩蕩
양 성 지 본　　운 심 탕 탕

優優自在　鍊成金剛
우 우 자 재　　연 성 금 강

● 단어·숙어

- 養(양) : 기르다
- 蕩(탕) : 쓸어버리다
- 鍊(련) : 단련하다
- 運(운) : 운전하다
- 優(우) : 넉넉하다
- 剛(강) : 굳세다

- 蕩蕩(탕탕) : 넓고 큰 모양. 평평한 모양.
- 金剛(금강) : 단단하다는 뜻. 금속 가운데 가장 단단한 금강석을 이르는 말. 부처의 진리를 체득하여 모든 번뇌를 깨뜨릴 수 있음을 표현한 말.

수양 공부 근본은 널리 마음 씀이니,
넉넉하고 수월히 금강 성품 이루라. 《정산종사 법어》

성품을 기르는 근본은 마음을 넓게 운용함이니,
넉넉하고 자재롭게 하여 금강 성품을 이루도록 하여라.

● 註 ●

· 박장식(朴將植 1911~) : 법호는 상산(常山).
전라북도 남원에서 태어나 경성 법학전문학교를 졸업하고 원기 21년 입교하여 원기26년 출가하였다. 출가하자마자 바로 총무부장의 중책을 맡아 소태산 대종사를 보필하였다.《불교정전》발행에도 참여하였고, 유일학림 초대 학림장 · 원광 중고등학교장으로 인재양성과 미국 주재 교령으로서 해외 교화의 기초를 다졌다. 법위는 출가위로 종사의 법훈을 서훈받았다.

지성수도덕(至誠修道德)

　이성신(李聖信)에게 말씀하시기를 "심량(心量)이 호대하면 모든 경계가 스스로 평온해지나니 이것이 곧 낙원의 길이요, 심량이 협소하면 모든 경계가 사면을 위협하나니 이것이 곧 고해의 길이라, 고락이 다만 자신의 견지 여하에 있나니라" 하시고, '至誠修道德 坦坦前路開' 라 써 주시니, 번역하면 **'지성으로 도덕 닦으면 탄탄한 앞길 열리리라'** 하심이러라.

《정산종사 법어》응기편 39장

至誠修道德　坦坦前路開
　지 성 수 도 덕　　탄 탄 전 로 개

● 단어 · 숙어 ●

- **至(지)** : 이르다 · 지극하다
- **誠(성)** : 정성
- **修(수)** : 닦다
- **坦(탄)** : 평평하다
- **路(로)** : 길
- **開(개)** : 열다

· **至誠(지성)** : 지극한 정성.
· **坦坦(탄탄)** : 높낮이가 없이 평평함.

지성으로 도덕을 닦으면
탄탄한 앞 길이 열리리라.   《정산종사 법어》

· **이성신(李聖信 1922~)** : 법호는 성타원(聖陀圓).
전라남도 영광에서 도산 이동안의 자녀로 태어났다. 원기 24년 출가하여 유일학림을 마친 후 정읍교당 초대교무를 거쳐 익산·광주·대구 교당 교무, 대전·군산교구장 등으로 일생을 일선교화에서 법풍을 일으켰다. 법위는 출가위로 종사의 법훈을 서훈받았다.

동정득도(動靜得度)

> 김정관(金正貫)에게 글을 주시니 '動靜得度'라, 번역하면 '동하고 정하기를 법도에 맞게 하라' 하심이요, 이정화(李正和)에게 글을 주시니 '吾心正則 天下之心 以正應之 吾心和則 天下之心 以和應之'라, 번역하면 '내 마음이 바르면 천하의 마음이 정(正)으로 응하고, 내 마음이 화하면 천하의 마음이 화(和)로 응한다' 하심이러라.
>
> 《정산종사 법어》 응기편 40장

動靜得度
동 정 득 도

吾心正則 天下之心 以正應之
오 심 정 즉 천 하 지 심   이 정 응 지

吾心和則 天下之心 以和應之
오 심 화 즉 천 하 지 심   이 화 응 지

● 단어 · 숙어

- 動(동) : 움직이다
- 靜(정) : 고요하다
- 得(득) : 얻다
- 度(도) : 법도 · 제도

· **則(즉)** : 곧 ※則(칙) : 법   · **應(응)** : 응하다

· **得度(득도)** : 불교에서 도(度)는 범어 파라미타(paramita)의 번역이며, 득도는 '교화(敎化)를 입어 생사의 고해를 건너서 열반(涅槃)의 피안(彼岸:저승)에 이르는 것'을 일컬음. '법도를 터득하여 이것을 이치에 맞게 행하다' 또는 '머리를 깎고 불문(佛門)에 들어가다' 는 뜻도 있음.

동하고 정하기를 법도에 맞게 하라.
내 마음이 바르면 천하의 마음이 정(正)으로 응하고,
내 마음이 화하면 천하의 마음이 화(和)로 응한다.

《정산종사 법어》

● 註 ●

· **김정관(金正貫 1932~)** : 법호는 시산(侍山).
전라남도 영광에서 태어났다. 원기32년 형산 김홍철의 추천으로 출가하여 이홍과원 부원으로 근무를 시작하였다. 원광대학교 원불교학과를 졸업하고 법무실에서 종산종사를 모셨다. 정화사 서무, 원광사 총무, 원광보건대학 교수, 학장, 정산종사 탄생 100주년 상임 지도위원을 역임하였다.

· **이정화(李正和 1918~1984)** : 법호는 달타원(達陀圓).
경상북도 금릉(현 김천시)에서 태어났다. 부친 훈산 이춘풍이 고종사촌 동생인 정산종사 집안을 고향으로 돌아오게 하기 위하여 전라도에 왔다가 소태산 대종사를 만나 제자가 되어 전라도로 이사하였다. 이정화는 어려서 소태산 대종사의 사랑을 받고 자라나 원기 22년 출가하여 일선 교당과 감찰원장을 역임하였다. 출가후 초지일관 교단의 대의를 세워 후진의 사표(師表)가 되었다. 대봉도의 법훈을 서훈받았다.

진실무자기(眞實無自欺)

> 범과(犯過)한 학인(學人)들에게 말씀하시기를 "대중과 불전에 알뜰히 참회하라" 하시고, 글을 주시니 '眞實無自欺 誓願不貳過' 라, 번역하면 '진실하여 스스로 속임이 없고 다시는 범과 않기로 서원을 하라' 하심이러라.
>
> 《정산종사 법어》응기편 41장

眞實無自欺 誓願不貳過
진 실 무 자 기   서 원 불 이 과

● 단어 · 숙어 ●

- 欺(기) : 속이다
- 願(원) : 원하다
- 過(과) : 허물 · 잘못 · 지나다
- 誓(서) : 맹세하다
- 貳(이) : 두 · 버금

- 誓願(서원) : ① 법신불 사은전에 올리는 자기의 소원. ②신불(神佛)이나 자기 마음 속에 맹세하여 소원을 세우는 것, 또는 그 소원. ③(佛)보살이 수행의 목적과 원망(願望)을 밝히고 달성을 서약하는 일.

진실하여 스스로 속임이 없고,
다시는 범과 않기로 서원하라.   《정산종사 법어》

염념무념(念念無念)

> 류기현(柳基現), 한정원(韓正圓)에게 글을 주시니 '念念無念 是靜時工夫 事事明事 是動時工夫 有念無念各隨意 大道蕩蕩無所碍'라, 번역하면 '생각생각이 생각 없음은 정할 때 공부요, 일일이 일에 밝음은 동할 때 공부라, 유념 무념이 뜻대로 되면 대도 탕탕하여 걸림 없으리라' 하심이러라.
>
> 《정산종사 법어》응기편 42장

念念無念 是靜時工夫
염념무념 시정시공부

事事明事 是動時工夫
사사명사 시동시공부

有念無念各隨意 大道蕩蕩無所碍
유념무념각수의 대도탕탕무소애

● 단어 · 숙어 ●

- 念(념) : 생각하다
- 靜(정) : 고요하다
- 隨(수) : 따르다

· 意(의) : 뜻
· 蕩(탕) : 넓고 크다 · 쓸어버리다 · 방탕하다
· 碍(애) : 거리끼다(≒礙)

· 蕩蕩(탕탕) : 넓고 큰 모양. 평평한 모양.

생각생각이 생각 없음은 정할 때 공부요,
일일이 일에 밝음은 동할 때 공부라,
유념 무념이 뜻대로 되면 대도 탕탕하여 걸림 없으리라.

《정산종사 법어》

註

· **류기현(柳基現 1930~)** : 법호는 여산(如山).
충청남도 서산에서 태어나 원기 38년에 출가하여 원광대학교 교수 · 종교문제연구소장 · 부총장 등을 역임하며 일생을 교육계에서 교학 정립과 후진양성에 심혈을 기울였다. 《원불교와 한국사회》등 다수의 저술로 한국사회에 원불교를 전하는 역할을 하였다. 법위가 출가위로 종사의 법훈을 시훈받았다.

· **한정원(韓正圓 1933~)** : 법호는 진산(震山).
충청남도 서산에서 태어나 원기38년에 출가하였다. 원광대학교에서 교수로서 한평생 후진양성을 하는 한편《종교와 원불교》등의 저술로 원불교 교학의 토대를 구축하고 발전하는 데 지대한 공헌을 하였다. 또한 퇴임후 대산종사의 하명에 따라 미국 필라델피아교당에서 본토인을 대상으로 선과 원불교 교리공부를 지도하면서 미주선학 대학원 설립에 전력하고 있다. 대봉도의 법훈을 서훈받았다.

수도양덕(修道養德)

> 정종희(鄭宗喜)에게 글을 주시니 '修道養德 日新又日新'이라, 번역하면 '도를 닦고 덕을 기르되 날로 새롭고 또 날로 새로우라' 하심이요, 윤주현(尹周現)에게 글을 주시니, '先務修道 天下歸道'라, 번역하면 '먼저 수도에 힘써야 천하가 이 도에 돌아오리라' 하심이러라.
>
> 《정산종사 법어》응기편 43장

修道養德　日新又日新
수 도 양 덕　일 신 우 일 신

先務修道　天下歸道
선 무 수 도　천 하 귀 도

● 단어·숙어 ●

- **修(수)** : 닦다
- **養(양)** : 기르다
- **新(신)** : 새 · 새로운 · 처음 · 새로워지다
- **又(우)** : 또
- **務(무)** : 힘쓰다
- **歸(귀)** : 돌아오다 · 돌아가다

- 修道養德(수도양덕) : 수양도덕(修養道德).
- 日新又日新(일신우일신) : 날마다 날마다 새로운 마음으로 즐겁고 보람차게 살아가는 긍정적 삶의 태도.
- 天下歸道(천하귀도) : 세상 인심이 도덕을 찾게 된다.

도를 닦고 덕을 기르되,
날로 새롭고 또 날로 새로우라.
먼저 수도에 힘써야,
천하가 이 도에 돌아 오리라. 《정산종사 법어》

도와 덕을 닦고 길러,
나날이 새로워져라.
먼저 도를 닦는 데 힘쓰면,
온 세상이 이 도(道)로 돌아올 것이니라.

● 註

- 정종희(鄭宗喜 1929~) : 법호는 요타원(堯陀圓).
  충청남도 대덕군 진잡면 남선리에서 태어나 계룡산에 있는 남선교당에서 조모의 연원으로 입교하여 원기 31년에 출가하였다. 동산선원에서 수학한 후 경남·장수·진안교당 교무를 거쳐 고성·함라교당 교감 등을 역임하였다

- 윤주현(尹周現 1924~) : 법호는 주타원(主陀圓).
  전라북도 남원에서 태어나 고향인 남원에서 초등학교 교사로 어린이들을 가르치다가 원기 37년 출가하였다. 부산진교당 교무를 거쳐 영산선원 교

감·원장 등을 역임하면서 후진을 양성하였다. 법위가 출가위로 종사의 법훈을 서훈받았다.

● 원기 42년 정종희가 경남교당 부교무로 첫발령을 받았다.
그당시 부교무가 부족하여 정종희는 동산선원을 졸업도 하지 못한채 발령을 받았다. 정산종사는 정종희가 경남교당 부임 이후 '修道養德 日新又日新'이라는 친서를 보냈다.   《한울안 한 이치에》

재가출가(在家出家)

> 문동현(文東賢)에게 글을 주시니 '在家出家 在於心 不在於身 菩薩與衆生 在於心 不在於身 念念菩提心 步步超三界'라, 번역하면 '재가와 출가가 마음에 있고 몸에 있지 아니하며, 보살과 중생이 마음에 있고 몸에 있지 아니하나니, 생각생각 보리심으로, 걸음걸음 삼계를 뛰어나라' 하심이러라.
>
> 《정산종사 법어》응기편 44장

在家出家　在於心　不在於身
재가출가　재어심　부재어신

菩薩與衆生　在於心　不在於身
보살여중생　재어심　부재어신

念念菩提心　步步超三界
염념보리심　보보초삼계

● 단어 · 숙어 ●

- 於(어) : 어조사 · 있어서 · 탄식할 오
- 菩(보) : 보리 · 보살

- 薩(살) : 보살
- 與(여) : 더불어 · 함께 · ~와(과) · 주다
- 衆(중) : 무리 · 많은 사람
- 提(리) : 보리수(菩提樹) ← ※提(제) : 끌다 · 손에 들다
- 步(보) : 걷다 · 걸리다 · 걸음
- 超(초) : 뛰어넘다

- 在家(재가) : ①재가교도의 준말. 출가교도에 상대되는 말로 가정생활을 하면서 원불교를 신앙 · 수행하는 사람. ②〔佛〕집을 떠나지 않고 집에서 중처럼 도를 닦는 것. 재속(在俗).
- 出家(출가) : ①몸과 마음을 원불교의 발전과 제생의세의 사업을 위하여 전무출신하는 것. ②〔佛〕속세의 집을 떠나 불문(佛門)에 드는 일. 출세(出世). ③세간(世間)을 떠나 수도원으로 들어가 수도하는 일.
- 菩薩(보살) : 위로 부처를 따르고 아래로 중생을 제도하는 부처에 버금가는 성인.
- 菩提(보리) : ①불교의 최고 이상인 불타 정각(佛陀正覺)의 지혜. ②불타 정각의 지혜를 얻기 위해 닦는 도. 불과(佛果·불교에 귀의하여 수행으로 얻는 좋은 결과)에 이르는 길.
- 菩提心(보리심) : ①불과(佛果)를 구하여 불도(佛道)를 행하려는 마음. 구도(求道)의 마음. ②위로는 보리를 구하고 아래로는 중생을 교화하려는 마음.
- 步步超三界(보보초삼계) : 깨달음의 경지를 나타내는 말로, 세상에 살면서도 삼계(三界)를 뛰어넘어 생사를 해탈하고 거래가 자유로움을 일컬음.
- 三界(삼계) : 일체의 중생이 생사 윤회(生死輪廻)하는 세 가지 세계로, 곧 욕계(탐욕의 세계) · 색계(색욕의 세계) · 무색계(정신의 세계)를 말함.

재가와 출가가 마음에 있고 몸에 있지 아니하며,
보살과 중생이 마음에 있고 몸에 있지 아니하나니,
생각생각 보리심으로, 걸음걸음 삼계를 뛰어 나라.

《정산종사 법어》

● 註 ●

· **문동현(文東賢 1909〜2000)** : 법호는 운산(雲山).
부산에서 태어나 원기 42년 동래교당에서 입교했다. 공직자로 근무하면서 틈나는 대로 총부를 찾아 정산종사로부터 '공직자의 마음가짐' 을 비롯한 많은 법문을 구전심수(口傳心授)하였다. 중앙교의회의장과 수위단원을 역임하였으며 교령으로 대호법 법훈을 서훈받았다.

염불수행(念佛修行)

> 집에 돌아간 학인에게 글을 주시니 '念佛修行 千里咫尺 背佛合塵 咫尺千里'라, 번역하면 **'부처를 생각하며 닦아 행하면, 천리 밖에 있어도 서로 지척이요, 부처를 등지고 티끌에 합하면, 지척 안에 있어도 천리 밖이라'** 하심이러라.
>
> 《정산종사 법어》응기편 45장

念佛修行　千里咫尺
염 불 수 행　천 리 지 척

背佛合塵　咫尺千里
배 불 합 진　지 척 천 리

● 단어 · 숙어 ●

- 咫(지) : 길이 · 짧은 거리의 비유
- 尺(척) : 자 · 길이
- 背(배) : 등지다
- 塵(진) : 티끌 · 속세

- 念佛(염불) : 부처의 모습과 공덕을 생각하면서 '나무아미타불'을 외거나 불명(佛名)을 부르는 일. 불경을 외우는 것.

· 背佛合塵(배불합진) : 부처를 등지고 속세에 영합함.
· 咫尺(지척) : 서로 떨어진 사이가 아주 가까움.

부처를 생각하며 닦아 행하면,
천리 밖에 있어도 서로 지척이요,
부처를 등지고 티끌에 합하면,
지척 안에 있어도 천리 밖이라. 《정산종사 법어》

부처를 마음에 모시고 도를 닦고 덕을 행하면,
천리 먼 길도 지척으로 생각되고,
부처님을 멀리하고 속세에 영합하면,
가까운 지척의 거리도 천리 먼 길로 여겨진다.

신위만선지본(信爲萬善之本)

> 결혼하는 학인에게 글을 주시니 '信爲萬善之本 和爲 萬福之源'이라, 번역하면 **'믿음은 모든 선의 근본 이요, 화합은 모든 복의 근원이라'** 하심이요, 후일 에 따로이 한 귀를 더 써 주시니 '誠爲萬德之宗'이라, 번 역하면 **'정성은 모든 덕의 조종이라'** 하심이러라.
>
> 《정산종사 법어》 응기편 46장

信爲萬善之本　　和爲萬福之源
신 위 만 선 지 본　　화 위 만 복 지 원

誠爲萬德之宗
성 위 만 덕 지 종

● 단어 ●

- **福(복)** : 복 · 복내리다
- **誠(성)** : 정성
- **源(원)** : 근원
- **德(덕)** : 덕 · 행위 · 어진 이
- **萬(만)** : 일반적으로 '일 만 · 다수(多數) · 크다'의 뜻이나, 여기서는 뒤 에 나오는 명사(善 · 福 · 德)를 수식하는 관형사로 쓰이며, '모든 · 온갖'이라는 의미를 나타냄.

믿음은 모든 선의 근본이요, 화합은 모든 복의 근원이라.
정성은 모든 덕의 조종(祖宗)이라.　　《정산종사 법어》

법신원청정(法身元淸淨)

해방후 개성이 몇 개월 막혔을 때에 이경순(李敬順)에게 글을 써 주시며 외우고 심고하라 하시니 '法身元淸淨 禪味又淸淨 開城本無碍 通達便無碍 公道自坦坦 奉公亦坦坦 三世一切佛 齊齊從此行'이라, 번역하면 '법신 원래 청정이라, 선미 또한 청정하다. 개성 본래 걸림 없어, 통달하면 무애로다. 공도 절로 탄탄하고, 봉공 또한 탄탄하다. 삼세 모든 부처님들 다 이대로 행하니라' 하심이요, 이어 송달준(宋達俊)에게 말씀하시기를 "대하는 곳마다 척을 짓지 말고 저 고양이에게까지도 덕을 끼치며, 있어도 없는 듯, 알고도 모르는 듯 살라. 이것이 피란의 요결이니라."

《정산종사 법어》응기편 49장

法身元淸淨　禪味又淸淨
법 신 원 청 정　선 미 우 청 정

開城本無碍　通達便無碍
개 성 본 무 애　통 달 변 무 애

公道自坦坦　奉公亦坦坦
공 도 자 탄 탄　봉 공 역 탄 탄

三世一切佛　齊齊從此行
삼 세 일 체 불　제 제 종 차 행

● 단어 · 숙어 ●

- 淸(청) : 맑다 · 깨끗하다
- 淨(정) : 깨끗하다
- 禪(선) : 고요하다 · 좌선 · 하늘에 제사지내다 · 사양하다
- 城(성) : 성곽 · 내성(內城)
- 通(통) : 통하다
- 達(달) : 통달하다 · 다다르다
- 便(변) : 곧 · 바로 · 문득 ※便(편):편하다
- 坦(탄) : 평평하다
- 切(체) : 온통 · 모두 ※切(절):끊다
- 齊(제) : 가지런하다
- 從(종) : 좇다 · 나아가다 · 시중들다 · 따르다 · 으로부터

- 法身(법신) : 진여(眞如)법계(法界)의 이치와 일치되는 부처님의 진신(眞身).
  부처가 설(說)한 정법(正法).
- 淸淨(청정) : 죄업이나 번뇌의 더러움에서 벗어나 깨끗함.
  더럽거나 속되지 않고 깨끗함. 청정자성(淸淨自性).
- 禪味(선미) : 〔불교〕선(禪)의 취미(맛 · 멋) 또는 탈속(脫俗)한 취미를 뜻한다.
- 無碍(무애) : 막힘이 없음. 장애물이 없음.
- 公道(공도) : 공평하고 바른 도리.
- 坦坦(탄탄) : 높고 낮음이 없이 평평함.
- 奉公(봉공) : 나라나 사회를 위하여 힘써 일함.

- **三世(삼세) :** 〔불교〕과거 · 현재 · 미래, 또는 전세(前世) · 현세(現世) · 내세(來世)의 삼계(三界)를 일컬음.
- **齊齊(제제) :** 공경하고 삼가는 모양. 가지런히 정돈된 모양.

법신 원래 청정이라, 선미 또한 청정하다.
개성 본래 걸림 없어, 통달하면 무애로다.
공도 절로 탄탄하고, 봉공 또한 탄탄하다.
삼세 모든 부처님들 다 이대로 행하니라.

《정산종사 법어》

●註●

- **開城(개성) :** 태조 왕건이 고려의 도읍을 정한 뒤 475년 동안 이어 온 왕도(王都)로 현재는 휴전선 이북에 있는 경기도의 한 시(市)이다. 개경(開京)이라고도 불렸으며, 판문점에서 약 8km 거리에 있다. 고려 인삼(人蔘)의 산지로 유명하고 선죽교 등 많은 문화재가 있다.

- **원불교 개성교당 :** 원기22년 이천륜 교도의 원력과 경성지부 이동진화 순교무의 주선으로 김영신 교무가 부임하여 이듬해 개성출장소가 시작되었다. 원기26년 이경순 교무가 부임하여 활발한 교화활동으로 원기 32년에 개성에서 제일 큰 한옥을 매입하여 정산종사를 모시고 봉불식을 가졌다. 8 · 15광복 뒤 38선을 경계로 개성시가 남한에 소속되었으나 한국전쟁으로 서부전선 제1지구에 해당되어 전 시민들이 피난하고 개성 교도들도 서울 또는 연고지역으로 피난하게 되었다. 개성교당은 한국전쟁으로 교화를 더 이상 할 수 없게 되었고 개성교당 교도들은 서울 등지의 교당 창립주들이 되었다. 한국 전쟁 후 개성은 북한으로 소속되었다.

· **이경순(李敬順 1915~1978)** : 법호는 항타원(恒陀圓).

경상북도 금릉(현 김천시)에서 태어나 고종 숙부인 정산종사와의 인연으로 아버지 훈산 이춘풍이 소태산 대종사를 만나 제자가 된 후에 전라도로 이사하였다. 어려서 소태산 대종사와 성리문답을 나누기도 했다. 출가하여 개성·초량·대구·부산교당 등에서 자비훈풍으로 교화를 꽃피웠다. 법위는 출가위로 종사 법훈을 서훈받았다.

· **송달준(宋達俊 1914~)** : 법호는 척타원(拓陀圓).

충남 서산에서 태어나 원기31년에 입교하였다. 송달준은 결단력과 추진력이 있으며 사리에도 밝아 개성 교당창설에 오로지 힘을 기울이는 한편 교당 옆방으로 이사하여 교당발전과 개성양로당 기금을 마련하기 위하여 직조상으로 많은 곳을 다녔다.

개성교당 주무로서 활동하였으며 한국전쟁 때에는 30여차례 문초를 받으면서도 교당을 사수하며 전무출신과 다름없이 생활하였다.

만화성원(萬和成圓)

> 한국 보육원 십 주년 기념식에 축하 법문을 보내시기를 '萬和成圓 一心貫天' 이라 하시니 '만인과 화합하여 원을 이루고, 한결된 마음으로 하늘과 통하라' 하심이러라.
>
> 《정산종사 법어》응기편 53장

萬和成圓　一心貫天
만 화 성 원　일 심 관 천

● 단어 · 숙어 ●

· 和(화) : 화하다
· 貫(관) : 꿰다 · 꿰뚫다

· 一心(일심) : 한 마음. 한결같은 마음. 변함없는 마음.

만인과 화합하여 원을 이루고,
한결된 마음으로 하늘과 통하라.

《정산종사 법어》

모든 사람들이 화합하여 원(원만함)을 이루고,
단합된 한결같은 마음으로 하늘과 뜻(마음)이 통하도록 하여라.

●註●

· **한국보육원(韓國保育院)** : 원기35년(1950) 한국전쟁으로 인한 전쟁고아를 서울 종로초등학교에 임시 수용하여 〈서울시립아동양육원〉이란 이름으로 개원되어 이듬해 1·4후퇴때 제주도에서 이승만 대통령의 제의로 팔타원 황정신행이 원장을 맡아 〈한국보육원〉이라 이름하여 운영되었다.
후에 경기도 장흥에 한국보육원을 사회복지법인 〈창필재단〉이라 이름하고 원불교에 희사하였다.

수륙공(水陸空)

> 황정신행(黃淨信行)이 도미(渡美)할 때에 글을 주시니 '水陸空 數萬里 去平安 來平安'이라, 번역하면 '**수륙공 수 만리에, 가시기도 평안히 오시기도 평안히**' 하라 하심이요, 박광전(朴光田)이 도미할 때에 한 귀를 더하여 주시니 '應機緣 傳法光 初如意 後如意'라, 번역하면 '**기연따라 법광을 전하되, 처음도 뜻같이 나중도 뜻같이**' 하라 하심이러라.
>
> 《정산종사 법어》응기편 54장

水陸空 數萬里 去平安 來平安
수 륙 공　수 만 리　거 평 안　내 평 안

應機緣 傳法光 初如意 後如意
응 기 연　전 법 광　초 여 의　후 여 의

단어·숙어

- **陸(륙)** : 뭍·육지
- **空(공)** : 비다·하늘·공간
- **數(수)** : 세다
- **應(응)** : 응하다

- **機(기)** : 계기 · 기회 · 틀 · 기계
- **緣(연)** : 인연(因緣) · 가장자리

- **水陸空(수륙공)** : 물과 육지와 하늘.
- **機緣(기연)** : 어떤 기회에 맺어진 인연.
- **法光(법광)** : 법(法)은 불법(부처의 가르침)을 뜻하며, 광(光)은 빛 · 기세 · 기운 · 문화를 나타낸다. 따라서 법광(法光)은 '불법의 광명' 또는 '불법의 기운'을 일컬음.

수륙공 수 만리에, 가시기도 편안히 오시기도 편안히.
기연 따라 법광을 전하되, 처음도 뜻같이 나중도 뜻같이.

《정산종사 법어》

물도 땅도 낯(이) 설은 수 만리 머나먼 길을
편안히 갔다가 편안히 오시오.
계기와 인연을 만나면 원불교 교법의 광명을 전하되,
처음이나 나중이나 항상 같은 마음(정성)으로 하시게.

● 註 ●

- **황정신행(黃淨信行 1903~　)** : 법호는 팔타원(八陀圓).
황해도 연안 출신으로 독실한 기독교 가정에서 태어났다. 원기20년 금강산 여행 중에 원불교와 인연을 맺어 서울교당을 다니다가 원기 23년 서울교당에서 소태산 대종사께 귀의하여 새 회상의 수달장자로서 역할을 다했다.

그리하여 원불교 대호법의 무녀리(문열이)가 되고 수많은 한국 고아들의 대모(큰어머니)가 되었다. 법위는 출가위로 종사의 법훈을 서훈받았다.

· **박광전(朴光田 1915~1986)** : 법호는 숭산(崇山).
소태산 대종사의 장남으로 전라남도 영광에서 태어났다. 일본 동양대학 철학과를 졸업하고, 원기 27년부터 교단에 봉직하기 시작하여 원광대학교 설립과 발전에 공헌하였다. 개교 반백년 기념사업회 회장 · 원광대학교 총장 등을 역임하며 교단과 대학의 대사회적 발전에 헌신하였다. 세계 각처에서 열린 각종 종교회의에 한국대표 또는 교단대표로 여러 차례 참석하였다. 법위는 출가위로 종사의 법훈을 서훈받았다.

불생불멸(不生不滅)

> 병이 중한 김백련(金白蓮)에게 편지하시기를 '不生不滅 不垢不淨 修以自安 永樂佛土' 라 하시니, 번역하면 **'나고 죽음도 없고, 병들고 성함도 없나니, 스스로 안심 공부로 불토에 길이 즐기라'** 하심이러라.
>
> 《정산종사 법어》응기편 60장

不生不滅　不垢不淨
불 생 불 멸　불 구 부 정

修以自安　永樂佛土
수 이 자 안　영 락 불 토

● 단어 · 숙어

- 滅(멸) : 멸하다 · 없어지다
- 垢(구) : 때 · 티끌
- 淨(정) : 깨끗하다 · 티끌
- 永(영) : 길다 · 오래다
- 樂(락) : 즐기다　※樂(악) : 풍류　※樂(요) : 좋아하다

- 不生不滅(불생불멸) : 생겨나지도 않고 또한 없어지지도 않아서 상주 불멸하는 진여의 실상. 진리의 본질.

- **不垢不淨(불구부정)** : 더럽지도 않고 깨끗하지도 않음. 본래의 성품.
- **永樂(영락)** : 오래도록 영생(永生)을 즐겨라.
- **佛土(불토)** : 불국정토(佛國淨土). 부처님의 나라(세계).

나고 죽음도 없고, 병들고 성함도 없나니,
스스로 안심 공부로 불토에 길이 즐기라.

《정산종사 법어》

(삶이란) 생겨남도 없고 없어짐도 없고,
때묻지도 않고 깨끗하지도 않나니,
스스로가 편안한 마음으로 수양하여,
불국정토에서 오래도록 영생을 즐겨라.

● 註 ●

- **김백련(金白蓮 1911~1961)** : 법호는 복타원(復陀圓). 부산에서 대이나 원기40년에 입교하여 부산교당 수부로 활동했다. 교단에서 각종 경서 편찬 및 인쇄를 앞두고 어려움이 많을 때 원광사에 인쇄시설을 희사하여 크게 활력을 불어 넣어 주었다.

유대보언(有大寶焉)

> 학인에게 써 주시기를 '有大寶焉 玉不可比也 金不可比也 此何寶 一生所修之德是也 最後一念淸淨是也'라 하시니, 번역하면 '**큰 보배가 있다. 옥으로도 못 견줄, 금으로도 못 견줄, 무슨 보밴고, 평생 닦은 덕이요, 최후 일념 맑은 것**' 이라 하심이러라.
>
> 《정산종사 법어》무본편 32장

有大寶焉　玉不可比也
유 대 보 언　옥 불 가 비 야

金不可比也　此何寶
금 불 가 비 야　차 하 보

一生所修之德是也　最後一念淸淨是也
일 생 소 수 지 덕 시 야　최 후 일 념 청 정 시 야

● 단어 · 숙어 ●

- **寶(보)** : 보배 · 보물
- **焉(언)** : 어찌 · 어조사
- **比(비)** : 견주다
- **此(차)** : 이 · 이것
- **最(최)** : 가장 · 제일

- 淸(청) : 맑다 · 맑게 하다
- 淨(정) : 깨끗하다 · 때묻지 아니하다

- 此何寶(차하보) : 그것이(이것이) 어떤(무슨) 보배인가?
  여기서 하(何)와 호응하는 의문조사 호(乎)가 생략된 것임. 何~ (乎).
- 最後一念(최후일념) : 사람이 열반하기 전에 갖는 최후의 한 생각. 최후일념을 청정히 가지면 내생의 최초 일념도 청정해진다.

큰 보배가 있다. 옥으로도 못 견줄, 금으로도 못 견줄,
무슨 보밴고, 평생 닦은 덕이요, 최후 일념 맑은 것.

《정산종사 법어》

커다란 보배가 있구나. 옥으로도 견줄 수 없고, 금으로도 견줄 수 없는, 그것이 어떤 보배인가?
한 평생을 닦은 바로 그 덕이요, 최후의 일념인 바로 그 청정함이다.

유위위무위(有爲爲無爲)

> 말씀하시기를 "불보살은 **함 없음에 근원하여 함 있음을 이루게 되고, 상 없는 자리에서 오롯한 상을 얻게 되며, 나를 잊은 자리에서 참된 나를 나타내고, 공을 위하는 데서 도리어 자기를 이루시나니라**"하시고, '有爲爲無爲 無相相固全 忘我眞我現 爲公反自成' 이라 써 주시니라.
>
> 《정산종사 법어》무본편 33장

有爲爲無爲　無相相固全
유 위 위 무 위　무 상 상 고 전

忘我眞我現　爲公反自成
망 아 진 아 현　위 공 반 자 성

● 단어 · 숙어 ●

- 相(상) : 서로 · 보다 · 모습
- 固(고) : 굳다 · 진실로
- 忘(망) : 잊다
- 眞(진) : 참 · 참으로
- 現(현) : 나타나다 · 나타내다
- 反(반) : 되돌리다 · 도리어

- **無爲(무위)** : 인위적으로 행하지 않음.
- **有爲爲無爲(유위위무위)** : 함이 있는 것은 함 없는 것이 만들어낸다.
- **無相(무상)** : 모습(모양)이 없음.

함 없음에 근원하여 함 있음을 이루게 되고,
상 없는 자리에서 오롯한 상을 얻게 되며,
나를 잊은 자리에서 참된 나를 나타내고,
공을 위하는 데서 도리어 자기를 이루시나니라.

《정산종사 법어》

상지이신의위보
(上智以信義爲寶)

전음광(全飮光)에게 글을 주시니 '上智以信義爲寶 中智以名利爲寶 下智以物貨爲寶. 物貨之寶 虛似浮雲 危如累石. 名利之寶 外似榮光 內無眞實. 信義之寶 與道合一 其壽無疆 內外通徹 名物俱焉'이라, 번역하면 '상지는 신의로써 보배를 삼고, 중지는 명리로써 보배를 삼고, 하지는 물화로써 보배를 삼나니, 물화의 보배는 허망하기 뜬 구름 같고 위태하기 누석 같으며, 명리의 보배는 밖으로는 영광스러운 듯 하나 안으로 진실이 없으며, 신의의 보배는 도로 더불어 합일한지라. 그 수한이 한 없고 안과 밖이 통철하여 명리와 재화가 함께 하나니라' 하심이러라.

《정산종사 법어》 근실편 21장

上智以信義爲寶
상 지 이 신 의 위 보

中智以名利爲寶
중 지 이 명 리 위 보

下智以物貨爲寶
하지이물화위보

物貨之寶 虛似浮雲 危如累石
물화지보 허사부운 위여누석

名利之寶 外似榮光 內無眞實
명리지보 외사영광 내무진실

信義之寶 與道合一
신의지보 여도합일

其壽無疆 內外通徹 名物俱焉
기수무강 내외통철 명물구언

● 단어 · 숙어 ●

- 義(의) : 옳다 · 바르다
- 貨(화) : 재화(財貨) · 물품
- 似(사) : 비슷하다
- 危(위) : 위태하다 · 위태롭게 하다
- 累(루) : 여러 · 포개다 · 폐 끼치다 · 더럽히다
- 榮(영) : 영화(榮華) · 꽃
- 壽(수) : 목숨 · 수명
- 徹(철) : 통하다 · 뚫다
- 寶(보) : 보배
- 虛(허) : 비다 · 없다
- 浮(부) : 뜨다
- 與(여) : 더불어 · 주다
- 疆(강) : 지경 · 끝 · 한계

- 上智(상지) : 보통 사람보다 지혜가 뛰어난 사람, 또는 그 지혜.
- 中智(중지) : 상지와 하지의 중간이 되는 보통의 슬기.
- 下智(하지) : 낮은 지혜. 뒤떨어진 지혜.
- 以~ 爲~ : ~로 ~을 삼다(여기다).
- 信義(신의) : 믿음과 의리.
- 名利(명리) : 명예와 이익.

- **物貨(물화)** : 물품의 재화. 재물과 재화(돈).
- **浮雲(부운)** : 뜬 구름. 흔히 덧없는 인생에 비유되어 쓰임.
- **累石(누석)** : 불안하게 쌓은 돌.
- **通徹(통철)** : 막힘이 없이 통함.

상지는 신의로써 보배를 삼고,
중지는 명리로써 보배를 삼고,
하지는 물화로써 보배를 삼나니,
물화의 보배는 허망하기 뜬 구름 같고
위태하기 누석 같으며,
명리의 보배는 밖으로 영광스러운 듯 하나
안으로 진실이 없으며,
신의의 보배는 도로 더불어 합일한지라.
그 수한이 한 없고 안과 밖이 통철하여
명리와 재화가 함께 하나니라. 《정산종사 법어》

● 註 ●

- **전음광(全飮光 1909~1960)** : 법호는 혜산(惠山).
전라북도 진안 마령에서 태어나 원기 9년 모친 전삼삼의 인도로 소태산 대종사의 제자가 되어 은부자의 결의를 맺었다. 초기 교단의 문화활동과 각종 초기 교서의 편집 발행에 크게 활약하였으며, 원불교 최초의 카메라맨으로 초기 교단의 많은 사진 자료를 남겼다. 소태산 대종사를 보필하며 일제 통치의 탄압정책에 맞서 교단의 방패 역할을 담당하였다. 대봉도의 법훈을 서훈받았다.

요제임천(潦霽任天)

> 산동 교당에서 일언첩에 쓰시기를 '潦霽任天' 이라 하시고 "**장마 지고 개는 것은 하늘에 맡겼노라**" 하시더니, 그 후 남원 교당에 오시어 "말이 갖추어지지 못하였다" 하시고 "'稼穡由人' 네 글자를 더하여야 산 법구(法句)가 되리라" 하시며 "**심고 가꾸기는 사람에게 달렸다**" 하시니라.
>
> 《정산종사 법어》근실편 22장

潦霽任天 稼穡由人
요제임천 가색유인

● 단어·숙어 ●

- 潦(료) : 큰비·장마
- 霽(제) : (비나 눈이) 개다
- 任(임) : 맡기다
- 稼(가) : 심다
- 穡(색) : 거두다
- 由(유) : 말미암다

- 稼穡(가색) : 곡식을 봄에 심고 가을에 거둬들이며 농사짓는 일.

장마지고 개는 것은 하늘에 맡겼노라.
심고 가꾸기는 사람에게 달렸다.   《정산종사 법어》

큰비가 와서 장마가 지고 날이 개어 쾌청(快晴)한 것은
하늘이 맡아 하는 일이니라.
곡식을 심고 가꾸어 거둬들이는 것은
그 잘하고 잘못하는 정도가 사람에게 달려 있다.

● 註 ●

· **산동교당 :** 앞에 있음.(83쪽)

· **남원교당 :** 원기19년 박사시화의 연원으로 입교한 정형섭이 원기22년 회갑기념으로 교당을 신축하여 원기23년 남원교당을 설립하였다. 원기38년 7월에 정산종사 산동교당(백우암)에서 1개월간 정양하다가 8월에 남원 금암봉에 있는 남원교당에 와서 5개월여를 정양하였다.

· **일언첩(一言帖) :** 한 마디 말을 적은 책, 노트, 간단히 말한 것을 적은 책. 원불교에서는 교무선이 끝나고 각기 한 마디씩 적기도 하였다.
첩(帖) : 표제 · 수첩.

· **법구(法句) :** 불경의 문구. 법문의 문구.

◉ 정산종사 정양을 위하여 김대거, 박장식, 박광전 등과 몇몇 시봉인으로 산동 백우암에 행하셨으나 3일만에 김대거, 박장식 등이 익산 총부로 돌아갈 즈음 일우일천(一雨一天)으로 일기가 좋지 않아 출발을 미루고 하루를 더 쉬게 되자 이때 정산종사 말씀하시기를 "이는 천사(天事)라, 비가 오고 안 오는 것은 하늘에 맡기고 법회나 열자"하시어 법회를 열었는바, 다른 법회와는 다르게 일언첩을 만들기로 결정하고 참석한 대중들이 한 구절씩 쓰기로 했다. 이때 정산종사께서 먼저 '요제임천(療霽任天)'이라 쓰시고 말씀하시기를 "비가 오고 개이는 것은 하늘에 맡겼나니 나의 신병(身病)과 시국(時國)의 천

시(天時)도 다 천사(天事)에 맡기노라" 하셨으며, 김대거는 '천지정기(天地精氣)가 어사이정(於斯而定)이라' 하고서 "삼계(三界)의 주(主)께서 이곳에 정양중이시니 천지의 기운이 이 백우암에 정(定)하도다" 했으며, 박장식은 '천지지화응지(天地之和應之)' 곧 "천지의 화기(和氣)가 이곳에 응(應)한다"라 했으며, 이공전은 '경운종월(耕雲種月)이라' 곧 "구름을 갈아서 달을 심겠다"고 했다.

 그 후 정산종사 남원에 행가하시어 우연히 일언첩중의 요제임천(潦霽任天)을 보시고 "말이 다 갖추지 못했다" 하시고 "요제(潦霽)는 임천(任天)하고 가색(稼穡)은 유인(由人)이라, 천사(天事)라 하여 내버려둔 즉 죽을 것이니 씨뿌리고 걷어들이는 것은 사람의 일이라 하는 가색유인의 사자(四字)를 더해야 산 법구가 되리라" 하시었다.

《정산종사 법설》

제월광풍(霽月光風)

> 정산종사를 처음 뵈온 김진구(金珍丘)는 말하기를 "**제월광풍**(霽月光風)"이라 하고, 황성타(黃聖陀)는 말하기를 "**화풍경운**(和風慶雲)"이라 하고, 안병욱(安秉煜)은 말하기를 "내가 이 세상에서 본 가장 좋은 얼굴"이며, "얼마나 정성껏 수양의 생활을 쌓았기에 저와 같이 화열과 인자가 넘치는 얼굴이 되었을까" 하니라.
>
> 《정산종사 법어》근실편 33장

霽月光風　和風慶雲
　제 월 광 풍　　화 풍 경 운

● 단어 · 숙어 ●

- 霽(제) : (비나 눈이) 개다
- 風(풍) : 바람 · 경치 · 풍채 · 용모
- 慶(경) : 경사
- 雲(운) : 구름

- 霽月(제월) : 비가 갠 뒤의 달.
- 光風(광풍) : 비 끝의 맑은 날씨에 시원스럽게 부는 바람.
　　　　　　비가 갠 뒤의 아름다운 경치.
- 和風(화풍) : 화창한 바람.

- 慶雲(경운) : 좋은 조짐의 구름.
- 霽月光風(제월광풍) : 사람의 도량이 넓고 시원함을 비유한 말.
  장마 갠 날 밝은 달빛과 상쾌한 바람이 부는 모습.
- 和風慶雲(화풍경운) : 성현의 자비롭고 평화스러운 얼굴을 비유한 말.
  화창한 바람 속에 상서로운 구름 모습.

구름이 걷혀버린 밝은 달과 시원하게 부는 바람,
온화하고 화창한 바람과 아름답고 상서로운 구름.

●註●

- 김진구(金珍丘 1893~1978) : 법호는 후산(厚山).
전라북도 무주에서 태어났으며 원불교 무주·진안교당의 창립 유공인이 되었다. 성품이 강직하고 위엄이 있으며, 신심과 서원이 철저하여 보은감사 생활로 낙도생활을 하였다. 진안교당의 교도회장직을 20여년 역임하였다.

- 황성타(黃聖陀 1903~1961) : 법호는 원산(願山).
전라북도 고창에서 태어나 정읍 소성에 살면서 원불교 소성교당 창립 유공인이 되었다. 매사에 정직하고 성실하며 선공후사 정신으로 교당 주인의 역할을 다하였다.

- 안병욱(安秉煜):(1920~   ) : 평안남도 용강에서 태어나 일본 조도전대학 문학부 철학과를 졸업했다. 숭실대학교 교수를 거쳐 명예교수로서 강의하고 있으며 많은 저술과 강연활동을 하고 있다. 그는 원불교 중앙총부 교무 훈련에 초청되어 현대사상에 대하여 강의를 하면서 정산종사를 뵈었다. 그 후《인생은 예술처럼》이란 그의 저서 중 〈잊을 수 없는 사람〉이라는 글에서 정산종사를 가장 아름다운 얼굴을 가진 사람이라 표현하였다.

사필귀정(事必歸正)

> 말씀 하시기를 "**사필귀정**(事必歸正)도 맞지마는 실은 정할 정자 **사필귀정**(事必歸定)이요, **앙급자손**(殃及子孫)이라고 하거니와 실은 **앙급자신**(殃及自身)이니라."
>
> 《정산종사 법어》 법훈편 26장

事必歸正
사 필 귀 정

事必歸定
사 필 귀 정

殃及子孫
앙 급 자 손

殃及自身
앙 급 자 신

단어 · 숙어

- 必(필) : 반드시
- 定(정) : 정하다 · 정해지다
- 及(급) : 미치다
- 歸(귀) : 돌아가다 · 돌아오다
- 殃(앙) : 재앙
- 孫(손) : 손자 · 자손

- **事必歸正(사필귀정)** : 세상 모든 일이 반드시 바른 이치대로 돌아간다는 말.

일은 반드시 바른 데로 돌아간다. 일은 반드시 정한 데로 돌아간다. 재앙이 자손에게 미친다. 재앙이 자신에게 미친다.

구시화문(口是禍門)

> 말씀하시기를 "**구시화문**(口是禍門)이라 하거니와 실은 **구시화복문**(口是禍福門)이니, 잘못쓰면 입이 화문이지마는 잘 쓰면 얼마나 복문이 되는가."
>
> 《정산종사 법어》 법훈편 39장

口是禍門
구 시 화 문

口是禍福門
구 시 화 복 문

● 단어 · 숙어 ●

- 是(시) : 이 · 이것 · 옳다
- 禍(화) : 재앙 · 재화(災禍)
- 福(복) : 복

입은 재앙의 문이다.
입은 재앙과 복의 문이다.

입은 재앙이 들어오고 나가는 문이다.
입은 재앙과 복이 들어오고 나가는 문이다.

천불강부작지복
(天不降不作之福)

> 말씀하시기를 "**하늘은 짓지 않은 복을 내리지 않고, 사람은 짓지 않은 죄를 받지 않나니라.**(天不降不作之福 人不受不作之罪)"
>
> 《정산종사 법어》법훈편 64장

天不降不作之福　人不受不作之罪
　천 불 강 부 작 지 복　　　인 불 수 부 작 지 죄

● 단어 · 숙어 ●

- **降(강)** : 내리다 ※降(항) : 항복하다
- **作(작)** : 짓다
- **受(수)** : 받다 ↔ 授(수) : 주다
- **罪(죄)** : 허물 · 죄

하늘은 짓지 않은 복을 내리지 않고,
사람은 짓지 않은 죄를 받지 않나니라.

《정산종사 법어》

숙병자해시(宿病自解時)

> 말씀하시기를 "세속에도 네 가지 기쁜 때가 있다 하거니와, 묵은 병이 절로 나은 때(宿病自解時) 얼마나 기쁘며, 널리 영약을 보시하는 때(普施靈藥時) 얼마나 기쁘며, 모든 법이 통달하게 밝아지는 때(諸法通明時) 얼마나 기쁘며, 만생이 다 귀의하는 때(萬生歸依時) 얼마나 기쁘리요."
>
> 《정산종사 법어》법훈편 70장

宿病自解時　普施靈藥時
숙 병 자 해 시　보 시 영 약 시

諸法通明時　萬生歸依時
제 법 통 명 시　만 생 귀 의 시

● 단어 · 숙어 ●

- 宿(숙) : 묵다 · 머무르다 · 오래되다 · 자다
- 病(병) : 병 · 병들다 · 앓다 · 근심하다
- 解(해) : 풀다 · 풀리다 · 낫다
- 普(보) : 넓다 · 널리 · 두루
- 施(시) : 베풀다 · 퍼지다 · 전하다 · 행하다
- 靈(령) : 신령 · 영혼 · 신령스럽다

- 藥(약) : 약 · 치료하다 · 고치다
- 諸(제) : 모두 · 모든 · 어조사
- 通(통) : 통하다 · 꿰뚫다 · 두루 미치다
- 歸(귀) : 돌아가다 · 돌아오다
- 依(의) : 의지하다 · 힘이 되다

- 宿病(숙병) : 오래된 묵은 병. 지병(持病).
- 普施(보시) : 은혜를 널리 베푸는 것.
- 靈藥(영약) : 신비로운 효험이 있는 약.
- 諸法(제법) : ①〔佛〕우주에 있는 유형 · 무형의 모든 사물. 만법(萬法). 제유(諸有). ②여러가지 법.
- 通明(통명) : 통달하고 밝음.
- 萬生(만생) : 모든 생명체.
- 歸依(귀의) : 돌아와서 몸을 기대고 의지함. 삼귀의(귀의불 · 귀의법 · 귀의승).

묵은 병이 절로 나은 때,
널리 영약을 보시하는 때,
모든 법이 통달하게 밝아지는 때,
만생이 다 귀의하는 때. 《정산종사 법어》

경륜통우주(經綸通宇宙)

정산종사, 전무출신들에게 훈시하시며 '經綸通宇宙 信義貫古今'이라 써 주시고, 말씀하시기를 "**경륜은 우주에 통하고 신의는 고금을 일관하라.** 경륜이란 발원이요 계획이니, 발원과 계획이 커야만 성공도 클 것이요, 신의란 신념과 의리니, 그 발원을 이루기까지 정성과 노력을 쉬지 아니하여야 큰 일을 성취하나니라."

《정산종사 법어》 공도편 1장

經綸通宇宙　信義貫古今
경 륜 통 우 주　　신 의 관 고 금

● 단어·숙어

- **經(경)**: 날실 · 세로 · 다스리다 · 겪다 · 경서(經書)
- **綸(륜)**: 다스리다 · 실 · 낚싯줄 · 인끈
- **宇(우)**: 집 · 처마 · 천지 사방(공간)
- **宙(주)**: 집 · 서까래 · 기둥 · 때 · 왕고내금(往古來今:시간)
- **貫(관)**: 꿰뚫다 · 통과하다

- **經綸(경륜)**: ①일을 조직적으로 잘 계획하고 경영함.
　　　　　　　②천하를 다스림.

- **宇宙(우주)** : ①온갖 물질이 존재하는 세계를 둘러싸고 있는 공간.
  ②무한히 큰 공간과 거기 존재하는 천체와 모든 물질.
- **信義(신의)** : 믿음과 의리.
- **古今(고금)** : 옛날부터 지금까지. 자고이래(自古以來)로.

경륜은 우주에 통하고,
신의는 고금을 일관하라.　　《정산종사 법어》

● 註 ●

- **전무출신(專務出身)** : 원불교의 출가교도로서 심신을 오롯이 교단의 발전에 헌신 봉공하는 사람. 재가교도인 거진출진에 상대되는 말로서 출가 교역자를 말한다.

  전무출신 제도는 원기9년 익산총부 건설 당시 선진들이 공동생활을 시작한 데서 비롯되었다.

도덕재천지(道德在天地)

김창준(金昌峻)이 부임할 때에 글을 주시니 '道德在天地 天地黙無言 唯人用其理 有言有導化 擧止行其道 宗化大流通'이라, 번역하면 '도덕이 천지에 있으나 천지는 말이 없고, 사람이 그 이치를 쓰매 말도 있고 교화도 있나니, 동하나 정하나 그 도를 행하여 대종사의 교화를 크게 유통케 하라' 하심이러라.

《정산종사 법어》 공도편 54장

道德在天地　天地黙無言
도 덕 재 천 지　천 지 묵 무 언

唯人用其理　有言有導化
유 인 용 기 리　유 언 유 도 화

擧止行其道　宗化大流通
거 지 행 기 도　종 화 대 유 통

● 단어 · 숙어 ●

· **黙(묵)** : 묵묵하다 · 말이 없다
· **唯(유)** : 오직

- **導(도)** : 이끌다
- **擧(거)** : 들다 · 움직이다
- **止(지)** : 그치다 · 멈추다

- **導化(도화)** : 교화(敎化).
- **擧止(거지)** : 행동거지(行動擧止). 움직이고 멈추고 하는 동정(動靜).
- **宗化(종화)** : 대종사의 교화.
- **流通(유통)** : ①공기나 액체가 흘러 드나듦.
　　　　　　　②상품의 거래.
　　　　　　　③화폐 · 수표 등이 사회에서 널리 쓰이는 일.

도덕이 천지에 있으나 천지는 말이 없고,
사람이 그 이치를 쓰매 말도 있고 교화도 있나니,
동하나 정하나 그 도를 행하여
대종사의 교화를 크게 유통케 하라.　　《정산종사 법어》

- **김창준(金昌峻 1911~1957)** : 법호는 순산(純山).
경상북도 상주에서 태어나 원기20년에 입교하여 원기26년 주산 송도성의 추천으로 전무출신하였다. 유 · 불 · 선 삼교의 교리에 능통하고 신앙심이 두터우며 누구에게나 평등한 마음으로 대해 주는 천진한 보살이었다. 화해 · 왕촌교당 교무 등을 역임하였다.

군심경순유덕자
(群心竟順有德者)

> 말씀하시기를 "대중의 마음은 마침내 덕 있는 이를 따르고, 하늘 뜻은 마침내 사 없는 이에게 돌아 가나니라." 하시고 '群心竟順有德者 天命終歸無私人'이라 써 주시니라.
>
> 《정산종사 법어》 공도편 64장

群心竟順有德者　天命終歸無私人
군 심 경 순 유 덕 자　천 명 종 귀 무 사 인

• 단어 · 숙어

- 群(군) : 무리 · 떼
- 順(순) : 순하다 · 따르다
- 歸(귀) : 돌아가다 · 돌아오다
- 竟(경) : 다하다 · 마침내
- 終(종) : 끝나다 · 마치다 · 끝내

- 群心(군심) : 여러 사람의 마음. 대중(大衆)의 마음.
- 天命(천명) : 하늘의 명령. 하늘의 뜻.

대중의 마음은 마침내 덕이 있는 이를 따르고,
하늘 뜻은 마침내 사 없는 이에게 돌아가나니라.　《정산종사 법어》

이고득락(離苦得樂)

　　말씀하시기를 "천도라 함은 영가(靈駕)로 하여금 **이고득락**(離苦得樂)케 하며, **지악수선**(止惡修善)케 하며, **전미개오**(轉迷開悟)케 하는 것이니, 일심이 청정하여 천도할 것 없는 데까지 천도함이 참다운 천도가 되나니라. 우리의 마음은 무형한 것이나, 일심이 되면 우주의 큰 기운과 합치하므로, 수도인들이 청정도량에 모여 지성으로 축원을 하면 영근(靈根)에 감응이 되어 쉽게 천도를 받게 되나니, 이는 자손이나 후인이 열반인을 위하여 행하여야 할 가장 중요한 일 가운데 하나가 되나니라. 그러나, 한갓 치재(致齋) 행사만이 능사가 아니니, 제일 중요한 것은 본인이 평소에 본인의 천도를 위하여 적공을 하는 것이요, 후인들도 행사에만 그치지 말고 항시 열반인을 위하여 심고도 하고 열반인을 위하여 적선도 하여, 열반인의 공덕이 길이 세상에 미치게 하는 것이 또한 천도에 중요한 조건이 되나니라."

《정산종사 법어》 생사편 6장

離苦得樂　止惡修善　轉迷開悟
　이 고 득 락　지 악 수 선　전 미 개 오

◉ 단어 · 숙어 ◉

- 離(리) : 떠나다 · 떼놓다
- 樂(락) : 즐기다
- 轉(전) : 구르다 · 옮기다
- 悟(오) : 깨닫다
- 苦(고) : 쓰다 · 괴롭다
- 止(지) : 발 · 멎다 · 머무르다
- 迷(미) : 미혹되다 · 헤매다

- 離苦得樂(이고득락) : 번뇌망상이나 인간세상의 고통에서 벗어나 즐거움을 얻는다.
- 止惡修善(지악수선) : 소극적으로 악업을 끊고 적극적으로 선업을 닦아 가는 것. 지악행선(止惡行善)이라고도 함.
- 轉迷開悟(전미개오) : 중생이 삼계(三界)에서 윤회생사(輪廻生死)하는 미혹(迷惑)을 버리고 열반(涅槃)의 깨달음에 도달하는 것. 중생이 변하여 불보살이 되는 것.

고통을 벗어나 즐거움을 얻고,
악업을 끊고 선을 닦으며,
미혹을 버리고 깨달음에 도달한다.

◉ 註 ◉

- 천도(薦度) : 죽은 사람의 명복을 빌고 그 영혼이 극락세계로 가도록 염원하고 인도하는 것. 악한 사람을 착한 마음으로 이끌어 주고 악도에서 선도로 진급시켜 주는 것.
- 영가(靈駕) : 중음신(中陰身 · 중유)의 상태로 있을 때의 영혼. 이 생에 명을 마치고 떠난 영혼이 다음 생의 몸을 받기 이전까지의 상태를 말함.

이욕발심왈서원
(離慾發心曰誓願)

> 박제권(朴濟權)이 묻기를 "무엇이 천도의 가장 큰 요건이 되나이까." 답하시기를 "서원일심과 청정일념이니라." 또 묻기를 "어떠한 것이 서원이며, 어떻게 하여야 청정해지나이까." 답하시기를 **"욕심을 떠나 마음을 발함이 서원이요, 밉고 사랑스러운 데 끌리지 아니하면 청정해지나니라. (離慾發心曰誓願 不着憎愛曰清淨)"**
>
> 《정산종사 법어》생사편 8장

離慾發心曰誓願　不着憎愛曰清淨
　　이 욕 발 심 왈 서 원　　불 착 증 애 왈 청 정

● 단어·숙어 ●

- **離(리)** : 떠나다·떼놓다
- **慾(욕)** : 욕심·욕정
- **發(발)** : 떠나다·쏘다·가다
- **曰(왈)** : 말하다
- **誓(서)** : 맹세하다
- **着(착)** : 붙다
- **憎(증)** : 미워하다

· 愛(애) : 사랑하다

· 發心(발심) : ①무슨 일을 하겠다고 마음을 먹는 것.
　　　　　　　②불도를 얻고자 하는 마음을 일으키는 것.
· 誓願(서원) : 원하는 일이 이루어지기를 신불(神佛)에게 기원함.
· 淸淨(청정) : 맑고 깨끗함.

욕심을 떠나 마음을 발함이 서원이요,
밉고 사랑스러운 데 끌리지 아니하면 청정해지나니라.

《정산종사 법어》

● 註 ●

· 박제권(朴濟權 1925 ～) : 법호는 곤타원(坤陀圓).
1925년 부친(박영식)이 일본 동경에서 유학 시절에 태어났다. 원기32년에 출가하여 서울교당 순교무를 거쳐 동산선원 교무·이리교구장·일본교구장 등으로 재직하였다. 새 회상 창업 초기에 신학문을 수용한 신여성으로 국내 교화는 물론 일본 교화에 정열을 바쳤다. 법위는 출가위로 종사의 법훈을 서훈받았다.

구업일상(舊業日償)

> 이명훈이 병이 중하매 한 송을 주시니 '舊業日償 來頭淸淨 死生一如 不斷不休 佛緣深重 萬事無憂 永生之寶 信與誓願 理懺事懺 道場淸淨'이라, 번역하면 '묵은 업 갚아 가니, 오는 날 청정하고, 죽고 삶 한결같아, 언제나 이 일이라. 불연이 심중하니, 모든 일 근심 없고, 영생에 보배될 것, 믿음과 서원이라. 이참하고 사참하니, 도량이 청정이라' 하심이러라.
>
> 《정산종사 법어》생사편 15장

舊業日償 來頭淸淨
구 업 일 상　내 두 청 정

死生一如 不斷不休
사 생 일 여　부 단 불 휴

佛緣深重 萬事無憂
불 연 심 중　만 사 무 우

永生之寶 信與誓願
영 생 지 보　신 여 서 원

理懺事懺 道場淸淨
이 참 사 참 도 량 청 정

● 단어 · 숙어 ●

- 舊(구) : 옛 · 옛날
- 業(업) : 업 · 일
- 償(상) : 갚다 · 보상
- 斷(단) : 끊다
- 頭(두) : 머리
- 緣(연) : 인연 · 가장자리
- 深(심) : 깊다 · 깊게 하다 · 너비
- 憂(우) : 근심
- 寶(보) : 보배
- 懺(참) : 뉘우치다
- 場(장) : 마당 · 뜰 · 정원

- 來頭(내두) : 다가오는 날의 앞(첫 · 시작) 부분.
  두(頭)는 '앞(첫 · 시작) 부분'을 가리키는 접미사.
- 理懺(이참) : 원래의 죄성(罪性)이 텅빈 자리를 깨쳐 안으로 모든 번뇌 망상을 제거해 가는 것으로 참회의 한 방법임.
- 事懺(사참) : 불 · 법 · 승 삼보전에 자기가 지은 죄업을 뉘우치고 날로 선업을 닦아 가는 것으로 참회의 한 방법이며, 이참에 상대되는 말이다. 기도하며 죄과를 뉘우쳐 회개하는 일.
- 道場(도량) : 본음은 '도장'이며, 불도(佛道)를 닦는 곳을 말함.

묵은 업 갚아 가니, 오는 날 청정하고,
죽고 삶 한결같아, 언제나 이 일이라.
불연이 심중하니, 모든 일 근심 없고,
영생에 보배될 것, 믿음과 서원이라.
이참하고 사참하니, 도량이 청정이라.

《정산종사 법어》

● 註 ●

· **이명훈(李明勳 1921~1947)** : 법호는 화타원(華陀圓).
전라북도 임실 관촌에서 태어나 육타원 이동진화의 연원으로 입교하여 원기28년 출가하였다. 행동이 현명하고 사리가 밝아 교리해석이 분명하였으며 이리교당 교무 등을 역임하였다.

서원성불제중(誓願成佛濟衆)

> 부친의 임종이 가까우신지라, 한 귀의 송(頌)으로써 최후를 부탁하시니 '誓願成佛濟衆 歸依淸淨一念'이라, 번역하면 '부처되어 제중하기 서원하시고, 청정한 한 생각에 귀의하소서'러라.
>
> 《정산종사 법어》생사편 20장

誓願成佛濟衆　歸依淸淨一念
서원성불제중　귀의청정일념

● 단어·숙어 ●

- **誓(서)** : 맹세하다
- **願(원)** : 원하다
- **濟(제)** : 건너다·건지다
- **依(의)** : 의지하다
- **淨(정)** : 깨끗하다

- **成佛濟衆(성불제중)** : 진리를 깨쳐 부처를 이루고 자비방편을 베풀어 일체중생을 고해에서 건지는 것. 상구보리 하화중생. 수행자의 구경목적.

부처되어 제중하기 서원하시고,
청정한 한 생각에 귀의하소서. 《정산종사 법어》

● 註 ●

· **부친(父親)** : 송벽조(宋碧照 1876~1951)를 말함. 법호는 구산(久山). 정산 송규종사·주산 송도성종사의 부친으로 경상북도 성주에서 태어나 장남 송규의 인도로 원기4년 영광으로 전 가족이 이사하여 소태산 대종사의 제자가 되었다. 원기9년에 출가하였다. 일제 말기에 마령교당 교무로 재직중 일본천황에게 진정서를 보냈으나 중도에 경찰에게 압수되어 옥고를 겪었다. 삼례·원평교당 교무를 역임하고 중앙총부에서 열반하였다.

공적영지시자성
（空寂靈知是自性）

> 병상에서 글을 지으시니 '空寂靈知是自性 前後左右 本蕩然'이라, 번역하면 '**공적하고 영지함이 이 자성이라, 전후 좌우 본래부터 탕연하도다**'이요. 또 글을 지으시니 '自性中樞 萬法元平 本無去來 豈有苦樂'이라, 번역하면 '**우리 자성 가운데, 만법 원래 평등해, 본래 거래 없거니, 어찌 고락 있으랴**' 하심이러라.
>
> 《정산종사 법어》 생사편29장

空寂靈知是自性
　공 적 영 지 시 자 성

前後左右本蕩然
　전 후 좌 우 본 탕 연

自性中樞 萬法元平
　자 성 중 추 　만 법 원 평

本無去來 豈有苦樂
　본 무 거 래 　기 유 고 락

◉ 단어 · 숙어 ◉

· 空(공) : 비다
· 寂(적) : 고요하다
· 蕩(탕) : 크다 · 넓다 · 쓸어버리다
· 樞(추) : 문지도리 · 근본 · 한 가운데(중앙) · 천자의 자리 · 별 이름(북두 칠성의 첫번째 별)
· 元(원) : 으뜸 · 근본 · 처음
· 豈(기) : 어찌

· 空寂(공적) : 텅 비어 아무 것도 없음.
· 靈知(영지) : 불가사의한 지혜. 반야지.
· 蕩然(탕연) : 헛된 모양. 자취 없이 된 모양. 넓고 큰 모습.
· 中樞(중추) : 사물의 중심이 되는 중요한 부분이나 자리.
· 苦樂(고락) : 괴로움과 즐거움.

공적하고 영지함이 이 자성이라,
전후 좌우 본래부터 탕연하도다.
우리 자성 가운데, 만법 원래 평등해,
본래 거래 없거니, 어찌 고락 있으랴. 《정산종사 법어》

인간고락원무실(人間苦樂元無實)

> 병상에서 글을 부르시며 "이 글을 적어 전하라" 하시니, '人間苦樂元無實 自性觀照本蕩平' 이라, 번역하면 '인간의 모든 고락, 원래 실상 없는 것, 자성을 관조하니, 본래 탕평하도다' 하심이러라.
>
> 《정산종사 법어》 생사편 34장

人間苦樂元無實　自性觀照本蕩平
인 간 고 락 원 무 실　자 성 관 조 본 탕 평

● 단어 · 숙어 ●

- **元(원)** : 으뜸 · 근본 · 처음
- **觀(관)** : 보다
- **照(조)** : 비추다 · 비치다
- **蕩(탕)** : 크다 · 넓다 · 쓸어버리다
- **實(실)** : 열매 · 실제 · 사실 · 침되다

- **自性(자성)** : 본래부터 갖춰져 있는 고유한 불성(佛性). 자성본불(自性本佛)의 준말.
- **蕩平(탕평)** : 어느 쪽에도 치우침이 없음. 탕탕평평의 준말.

인간의 모든 고락, 원래 실상 없는 것,
자성을 관조하니, 본래 탕평하도다.　《정산종사 법어》

도덕천하위일가
(道德天下爲一家)

> 정산종사 병상에서 물으시기를 "우리의 본의가 무엇인지 아느냐." 시자 사뢰기를 "도덕으로 천하를 한 집안 만드시려 하는 것이옵니다." 말씀하시기를 "네 말이 옳다. **도덕천하위일가** (道德天下爲一家)가 우리의 본의니라."
>
> 《정산종사 법어》유촉편 1장

道德天下爲一家
도 덕 천 하 위 일 가

● 단어 · 숙어 ●

- 道(도) : 길 · 이치 · 도리
- 家(가) : 집 · 집안
- 爲(위) : 하다 · 되다 · 위하다
- 德(덕) : 덕 · 행위 · 어진 사람

- 天下(천하) : 인간이 사는 세상. 인간 세상.
- 以~爲~ : ~로 ~을 삼다.
- 一家(일가) : 한 집안.

도덕으로 천하를 한 집안 만든다.
(도덕천하로 한집안 만든다.)

- **시자(侍者:이공전)** 앞에 있음.(114쪽)

양류천사록(楊柳千絲綠)

> 시자에게 말씀하시기를 "옛날에 한 사람이 '**양류천사록**(楊柳千絲綠) **도화만점홍**(桃花萬點紅)'이라는 글귀를 지어 놓고 스스로 만족하거늘, 그 스승이 보고 말하되 '양류가 어찌 천실뿐이며, 도화가 어찌 만점뿐이리요. **양류사사록**(楊柳絲絲綠) **도화점점홍**(桃花點點紅)이라 하라' 하여 그 글을 크게 살렸다 하나니, 법문을 기록하고 편찬하는 이의 크게 유의할 이야기니라."
>
> 《정산종사 법어》유촉편 16장

楊柳千絲綠　　桃花萬點紅
양 류 천 사 록　　도 화 만 점 홍

楊柳絲絲綠　　桃花點點紅
양 류 사 사 록　　도 화 점 점 홍

● 단어 · 숙어 ●

- **楊(양)** : 버들
- **柳(류)** : 버드나무
- **絲(사)** : 실 · 명주 · 가늘고 길다
- **綠(록)** : 푸르다

- 桃(도) : 복숭아
- 點(점) : 점·점찍다
- 紅(홍) : 붉다

- 楊柳(양류) : 버드나무.
- 桃花(도화) : 복숭아 꽃.

버드나무 천 가지가 푸르고,
복숭아 꽃 일만 송이 붉게 피어있구나.
버드나무 가지가지 푸르고,
복숭아꽃 송이송이 붉게 피어 있구나.

버드나무 일천가지 실실이 푸르르고
복숭아꽃 일만 송이 점점이 붉게 폈다.
버드나무 가지마다 실실이 푸르르고
복숭이 꽃 송이송이 붉게붉게 피어있다.

◉ 註 ◉

- 시자(侍者:이공전) 앞에 있음.(114쪽)

교재정비(敎材整備)

원기46년 12월, 병상에서 물으시기를 "내가 전에 세웠던 네 가지 계획을 아느냐." 시자 사뢰기를 "**교재 정비**(敎材整備) **기관 확립**(機關確立) **정교 동심**(政敎同心) **달본 명근**(達本明根) 네 가지였나이다." 말씀하시기를 "그 내역을 설명하여 보라." 시자 사뢰기를 "**교재 정비**는 정전과 대종경을 완정하고 예전 성가 등 모든 교서를 편수하여 대중 교화의 재료를 완전히 갖추자는 것이오며, **기관 확립**은 교화 교육 자선 생산의 모든 기관을 더욱 충실히 세워서 인재와 경제와 사업의 근거를 완전히 갖추자는 것이오며, **정교 동심**은 국가나 세계의 지도자들과 합심하여 정치 교화 양면으로 평화 세계 건설에 함께 힘쓰자는 것이오며, **달본 명근**은 이 모든 사업에 힘쓰는 중에도 각자의 수양에 등한하지 말아서 우리의 본래사를 요달하며 항상 그 근본을 잘 밝혀서 불망기본하자는 것으로 아옵나이다." 말씀하시기를 "네 말이 옳다. 그러나 이 모든 계획이 반이나 이루어졌느냐." 하시며 잠시 추연한 기색을 보이시더니, 25일 드디어 최후의 특별 유시를 내리시어, 김대거(金大擧) 이공주(李共珠) 이완철(李完喆) 박광전(朴光田) 이운권(李雲捲) 박장식(朴將植) 여섯 분에게 교전 교서의 감수를

> 위촉하시고 시자 이공전(李空田)에게 교전 편수의 조속 추진을 촉구하시니라.
>
> 《정산종사 법어》 유촉편 36장

教材整備 機關確立
교 재 정 비 　 기 관 확 립
政教同心 達本明根
정 교 동 심 　 달 본 명 근

● 단어 · 숙어 ●

- 材(재) : 재목 · 재료 · 교재
- 整(정) : 가지런하다
- 備(비) : 갖추다
- 機(기) : 베틀 · 기계
- 關(관) : 빗장 · 기관(機關)
- 確(확) : 확실하다 · 굳다
- 政(정) : 정사(政事)
- 達(달) : 통달하나

- 教材(교재) : 가르치는 데 쓰이는 재료.
- 政教(정교) : 정치(政治)와 교화(敎化).

교재를 정비하고 기관을 확립하며,
정치종교 협력하고 근본부터 밝히어라.

교서를 편찬하여 교화의 자료를 갖춤.
모든 기관을 확고하게 세움.
정치와 종교가 함께 협력함.
본래 할 일에 통달하고 근본을 잘 밝힘.

● 註 ●

· **사대 경륜(四大經綸)** : 정산종사가 소태산 대종사의 뜻을 이어 원불교를 더욱 발전시켜 나가기 위하여 당시의 시점에서 계획했던 네 가지의 큰 포부와 계획으로 교재정비 · 기관확립 · 정교동심 · 달본명근을 말한다.

· **김대거(金大擧)** : 앞에 있음.(87쪽)

· **이공주(李共珠)** : 앞에 있음.(32쪽)

· **이완철(李完喆 1897~1965)** : 법호는 응산(應山).
전라남도 영광 신흥에서 태어나 친형인 도산 이동안의 인도로 원기6년 영산에서 소태산 대종사를 만나 원기15년 출가하였다. 후에 교정원장의 직무를 수행하던 중 정산종사가 열반하자 종법사 권한대행을 맡기도 했다. 열반 3일전에 교무강습중 법회에서 '불법을 물과 같이 쓰라'는 최후설교를 하였다. 법위는 출가위로 종사의 법훈을 서훈받았다.

· **박광전(朴光田)** : 앞에 있음.(141쪽)

· **이운권(李雲捲 1914~1990)** : 법호는 고산(高山).
전라남도 영광 신흥에서 태어나 정산종사의 추천으로 원기18년 출가하여 영산선원 교무로 부임하여 후진을 양성하였고, 감찰원 부원장과 원장을 역임하였다. 본교 제1대 36년 결산문서를 완결, 정리하였다. 법위는 출가위로 종사의 법훈을 서훈받았다.

· **박장식(朴將植)** : 앞에 있음.(116쪽)

· **이공전(李空田)** : 앞에 있음.(114쪽)

四. 한 울안 한 이치에 한문·시어 법문

●한 울안 한 이치에

정산종사의 시자로 근무했던 이산 박정훈이 정산종사의 법문과 일화를 책으로 엮은 것이다. 정산종사의 언행록은《정산종사 법어》로 간행되었고 이 법어 이외의 법문과 일화들을 한 자리에 정리하여《한 울안 한 이치에》라는 이름으로 엮었다. (《한 울안 한 이치에》개정증보판을 사용함.)

남풍지훈혜(南風之薰兮)

> "봄 기운이 오되 고목에는 꽃이 피지 않는 것과 같이 지금 봄의 시대가 왔지만 내 마음에 봄 기운을 준비하지 않으면 그 운을 받지 못할 것이다. 동남풍은 성현 군자의 바람이요, 서북풍은 영웅 호걸의 바람이다. 순 임금은 남풍가(南風歌)를 지어 부르기를 '南風之薰兮 可以解吾民之慍兮로다 南風之時兮 可以富吾民之財兮로다' 하였다." 번역하면 '남풍의 훈훈함이여, 가히 우리 백성의 한을 풀어 주도다. 남풍의 때맞춤이여, 가히 우리 백성의 살림을 넉넉하게 하도다.'
>
> 《한 울안 한 이치에》 마음공부 20장

南風之薰兮 可以解吾民之慍兮로다
남풍지훈혜 가이해오민지온혜

南風之時兮 可以富吾民之財兮로다
남풍지시혜 가이부오민지재혜

● 단어·숙어

- 薰(훈) : 향기·향풀
- 兮(혜) : 어조사
- 解(해) : 풀다

- 慍(온) : 성내다 · 화내다 · 노여워하다 · 괴로워하다
- 富(부) : 넉넉하다 · 성하다 · 가득차서 넉넉하다 (공자가어 원문에는 부 (阜)로 되어 있음.
  - 부(阜) : 크다 · 커지다 · 번성하다
- 財(재) : 재물

- 可以~ (가이~) : 가히 ~하다

남풍의 훈훈함이여,
가히 내 백성의 한을 풀어 주도다.
남풍의 때맞춤이여,
가히 우리 백성의 살림을 넉넉하게 하도다. 《한 울안 한이치에》

● 註 ●

- 순(舜)임금 : 고대 중국의 성인천자(聖人天子)로 유가의 전설적 인물이 되었다. 아버지는 장님이며 의붓 어머니의 학대와 이복형제의 미움을 받아 몇 번이나 살해당할 뻔했으나 슬기롭게 극복하여 부모에게 효도하고 형제간에 우애있어 천하에 알려졌다. 당시의 천자 요(堯)가 순의 이야기를 듣고 두 딸을 순에게 출가시켜 요가 죽은 후 제위를 물려받았다. 천하를 잘 다스렸고 다시 우(禹)에게 제위를 물려주었다.

- 남풍가(南風歌) : 순 임금이 지었다고 전해지는 고시(古詩)명칭.
남풍가에는 두 가지 설이 있다. 그 하나는 부모가 자신을 길러준 은혜를 노래한 내용으로 천하에 효를 가르치려 한 것으로 현재는 가사가 전해지지 않는다. 《예기[禮記]》 악기(樂記)에서 '옛날 순(舜)이 다섯줄의 거문고를 만들어 남풍을 노래했다' 고 한데 대하여 정현(鄭玄)은 주(注)에서 '남풍은 만

물을 기르는 바람으로 부모가 자식을 기르는 것을 비유한 것인데, 그 구체적인 내용에 대해서는 알 수 없다' 고 하였다.

또 다른 하나는 천하가 잘 다스려져 백성들이 부유해지는 것을 노래 한 것이다. 즉 《공자가어》변악해 (辯樂解)에서 '남풍이 따사롭게 불어오니 우리 백성의 노여움을 풀 것이며 남풍이 때 맞추어 불어오니 우리 백성의 재물이 풍성할 것이다' 하고 노래한 것을 가르킨다.

《유교 대사전》박영사

● 자로(子路)가 거문고를 타고 있었다. 공자(孔子)는 이 말을 듣고 염유(冉有)에게,

"너무 하는구나. 유(由, 자로)는 못난 짓을 하는구나. 대개 문왕(文王)이 음악을 제정할 때 적중한 소리로 절조도 맞게 하고 화평한 것을 위주로 했기 때문에 그 소리가 남쪽으로는 들어갈지언정 북쪽으로는 돌아가지 않는 것이다. 왜냐하면 남쪽이라는 곳은 만물이 나서 자라는 지방이고, 북쪽은 만물이 죽는 살벌(殺伐)한 지역이기 때문이다. 그러므로 군자(君子)의 소리는 따뜻하고 부드럽고 적중한 것으로써 만물을 생육하고 길러내는 것이다. 까닭에 조심스럽고 걱정되는 느낌은 마음에 갖지 않으며 포악하고 모진 행동은 행하지 않는 것이다. 그래서 이것을 이른바 나라를 다스리는 평안한 풍화(風化)라고 한다. 이와 반대로 소인(小人)의 소리는 그렇지 않다. 멋없이 놀기만 하고 쓸데없이 깊기만 해서 살벌한 기운을 나타내기 때문에 화락한 느낌을 마음에 갖지 않고 온화한 모습을 몸에 두지 않는다. 이것을 이른바 어지러운 풍속(風俗)이라는 것이다. 옛날에 순(舜)은 오현금(五絃琴)을 타고 남풍시(南風詩)를 지었다. 그 시(詩)에 말하기를 '남풍이 훈훈하게 불어오니 우리 백성이 노여워함을 풀 것이며 남풍이 때를 맞추어 불어오니 우리 백성의 재물이 풍성할 것이로다' 했다. 그 소리가 이렇게 화락하기 때문에 일어나기를 빨리하고 덕(德)이 샘물 흐르듯 하여 오늘날까지 왕공대인(王公大人)들이 모두 옛일을 잊어버리지 않게 되었다. 그러나 은(殷)나라의 주(紂)는 북방의 비루한 소리만 좋아하다가 마침내 망하게 되었으니 이것을 오늘날까지 왕공대인(王公大人)들이 모두 경계하는 터이다. 순(舜)은 원래 베옷 입은 미천한 선비인데도 덕(德)을 쌓고 화락한 기운을 길렀기 때문에 마침내 제왕(帝王)의 자리에 올라갔다. 이와 반대로 주(紂)는 원래부터 천자(天子)의 몸으로써 음탕하고 포악한 행동만 했기 때문에 마침내 망하고 말았다. 이것은 모두 자기 몸을 닦는 일에 따라서 결정되는 것이 아니냐, 지금 유(由)로 말하면 필부(匹夫)의 몸으로써 일찍부터 선왕들의 좋은 제도에는 뜻을 두지 않고 저 망국의 소리만을 익히고 있다니 이래가지고서야 어찌 그 7척의 몸인들 보

존할 수 있겠느냐"고 말하였다.

  염유는 공자의 말을 듣고 자로에게 그대로 일러주었다. 자로는 이 말을 듣고 마음 속으로 두려워하고, 스스로 후회하기 시작했다. 걱정한 나머지 자로는 밥을 먹지 않고 몸이 야위어 뼈만 남게 되었다.

  이에 공자는 "유(由)는 허물을 고쳤으니 앞으로 진보가 있을 것이로다"고 말하였다.

《공자가어》 변악해

● 공자가어(孔子家語) : 공자의 언행과 제자들과의 문답과 논의를 기록한 책.
● 자로(子路) : 공문십철중의 한 사람.
  공자를 처음 보았을 때 자기의 무용(武勇)을 믿고, 오만하게 굴었으나, 후에 공자의 가르침을 받고 어진 사람이 되었다. 자로가 공자의 제자가 된 뒤로는 공자를 비방하는 사람들이 감히 비방을 못하였다고 한다. 그는 성격이 급하고 용맹스럽고 거칠었다.

인일시지고(忍一時之苦)

> "한 때의 괴로움을 참으면, 영생의 괴로움을 면하리라. (忍一時之苦 免永生之苦)"
>
> 《한 울안 한 이치에》 마음공부 63장

忍一時之苦　　免永生之苦
인 일 시 지 고　　면 영 생 지 고

● 단어 · 숙어 ●

- 忍(인) : 참다 · 견디다
- 苦(고) : 쓰다 · 괴롭다
- 免(면) : 면하다 · 벗다
- 永(영) : 길다 · 오래도록

- 一時(일시) : 한 순간. 한 때.
- 永生(영생) : 오래 존재함.

한 때의 괴로움을 참으면, 영생의 괴로움을 면하리라.

《한 울안 한 이치에》

영고성쇠(榮枯盛衰)

> "번영하여 성함과 말라 쇠잔함이 서로 바뀌는 이치가 있으므로, 권력을 10년 넘겨 갖기 어렵다. (榮枯盛衰 權不十年)"
>
> 《한 울안 한 이치》 마음공부 64장

榮枯盛衰　權不十年
영　고　성　쇠　　권　불　십　년

● 단어 · 숙어 ●

- **榮(영)** : 영화 · 성하다
- **枯(고)** : 마르다
- **盛(성)** : 성하다 · 담다
- **衰(쇠)** : 쇠하다 · 약해지다
- **權(쇠)** : 권세 · 저울추

- **榮枯盛衰(영고성쇠)** : 번성함과 쇠멸함. 영(榮)과 성(盛)은 번영과 성행(盛行)이며, 고(枯)와 쇠(衰)는 고갈(枯渴)되고 쇠잔(衰殘)해짐.

번영하고 성함과 말라 쇠잔함이 서로 바뀌는 이치가 있으므로, 권력은 10년 넘겨 갖기 어렵다.　　《한 울안 한 이치에》

목무소견무분별
(目無所見無分別)

> "目無所見無分別은 目無着見無分別이고 耳無所聲絶是非는 耳無着聲絶是非니라"
>
> 번역하면 '눈으로 보는바가 없어야 분별이 없다는 것은 눈으로 착없이 보아야 분별이 없다는 뜻이요, 귀로 듣는바가 없어야 시비가 끊어진다는 것은 귀로 착없이 들어야 시비가 끊어진다'는 뜻이다.
>
> 《한 울안 한 이치에》 마음공부 76장

目無所見無分別은　目無着見無分別이고
목 무 소 견 무 분 별　　목 무 착 견 무 분 별

耳無所聲絶是非는　耳無着聲絶是非니라
이 무 소 성 절 시 비　　이 무 착 성 절 시 비

● 단어 · 숙어

- 目(목) : 눈 · 보다
- 所(소) : 바 · 일정한 곳이나 지역
- 分(분) : 나누다 · 구별(區別)하다 · 나누어주다
- 別(별) : 나누다 · 헤어지다 · 갈라짐
- 着(착) : 붙다 ※붙다는 뜻으로 현재에 와서는 着이 주로 쓰인다.

- **耳(이)** : 귀 · 귀에 익다
  자기부터 세어 팔대가 되는 손자 이(耳).
- **聲(성)** : 소리 · 소리를 내다   · **絶(절)** : 끊다 · 끊어지다
- **分別(분별)** : 서로 구별을 지어 가름. 세상의 경험이나 식견 등으로부터 나오는 생각이나 판단. 변별(辨別).
- **是非(시비)** : 옳고 그름. 시와 비. 잘잘못.

눈으로 보는 바가 없어야 분별이 없다는 것은
눈으로 착없이 보아야 분별이 없다는 뜻이요,
귀로 듣는 바가 없어야 시비가 끊어진다는 것은
귀로 착없이 들어야 시비가 끊어진다는 뜻이다.

《한 울안 한 이치에》

● 註 ●

- **부설거사** : 신라 선덕여왕 때의 거사로 이름은 진광세(陳光世). 불국사에 출가하여 부설이라 불명을 받고 지리산 등에서 수도하고 변산 묘적암(현 월명암)을 짓고 수도하다 오대산 문수보살을 친견하러 가던 중 만경에서 묘화를 만나 결혼하여 거사가 되었다.

● 부설거사의 게송

目無所見無分別　　耳聽無聲絶是非
分別是非都放下　　但看心佛自歸依
(목무소견무분별　　이청무성절시비
분별시비도방하　　단간심불자귀의)

《부설전》월명암 소장본

공이망공(功而忘功)

> '功而忘功 能而忘能 賢而忘賢
> 知而忘知 大而忘大 空而忘空
> 位而忘位 權而忘權 覺而忘覺'
>
> 번역하면 '공로가 있어도 공로를 잊으며, 능함이 있어도 능함을 잊으며, 어질되 어짊을 잊고, 알되 앎을 잊으며, 크되 큼을 잊고, 비었으되 비었음을 잊으며, 위에 올랐으되 위를 잊고, 권력을 가졌으되 권력을 잊으며, 깨달았으되 깨달음을 잊어야 한다.'
>
> 《한 울안 한 이치에》 마음공부 77장

功而忘功	能而忘能	賢而忘賢
공 이 망 공	능 이 망 능	현 이 망 현
知而忘知	大而忘大	空而忘空
지 이 망 지	대 이 망 대	공 이 망 공
位而忘位	權而忘權	覺而忘覺
위 이 망 위	권 이 망 권	각 이 망 각

● 단어 · 숙어 ●

- **功(공)** : 공 · 일 · 직무
- **而(이)** : 말이을 이 · 너 · 역접(역접)의 접속사(그런데, 그러나)
- **忘(망)** : 잊다 · 기억하지 못하다 · 건망증
- **賢(현)** : 어질다 · 어진 사람 · 착하다
- **空(공)** : 비다 · 부질없이 비게 하다 · 구멍
- **權(권)** : 저울추 · 전세 · 권력 · 능력
- **覺(각)** : 깨닫다 · 깨우치다 · 달인 · 알다

공로가 있어도 공로를 잊고,
능함이 있어도 능함을 잊으며,
어질되 어짊을 잊고,
알되 앎을 잊으며,
크되 큼을 잊고,
비었으되 비었음을 잊으며,
위에 올랐으되 위를 잊고,
권력을 가졌으되 권력을 잊으며,
깨달았으되 깨달음을 잊어야 한다. 《한 울안 한 이치에》

세상에서 이루어지고 얻어지는 모두를 잊으라.
다시 말하면 수용은 하되 그 수용에 착을 두지 말고
언젠가는 내 앞에서 없어진다는 것을 미리 알아 대처를 하여야
떠나갈 때에 마음과 몸을 온전히 가질 수 있는 것이다.

금옥비보양신보
(金玉非寶兩臣寶)

"옛날 어느 임금이 두 정승을 찬양하여 이르기를 '**금과 옥이 보배가 아니라 두 신하가 보배**(金玉非寶兩臣寶)'라 하는지라, 신하들이 이에 대하여 말하기를 '**해와 달이 밝은 것이 아니라 성주께서 밝으십니다**(日月不明聖主明)' 하였다는 이야기가 있는데, 이것을 오늘에 활용하려면 '**금과 옥이 보배가 아니라 양심이 보배**(金玉非寶良心寶)요, 해와 달이 밝은 것이 아니라 성현의 지혜가 밝은 것(日月不明聖智明)'이라 함이 좋을 것이다."

《한 울안 한 이치에》 마음공부 81장

金玉非寶兩臣寶　　日月不明聖主明
　금옥비보양신보　　　일월불명성주명

金玉非寶良心寶　　日月不明聖智明
　금옥비보양심보　　　일월불명성지명

● 단어 · 숙어 ●

· **寶(보)**: 보배

- **兩(량)** : 두·둘
- **良(량)** : 좋다·어질다
- **智(지)** : 슬기·지혜

- **聖主(성주)** : 성군(聖君). 성왕(聖王).
- **聖智(성지)** : 성인의 지혜.

　　금과 옥이 보배가 아니라 두 신하가 보배요,
　　해와 달이 밝은 것이 아니라 성주가 밝다.
　　금과 옥이 보배가 아니라 양심이 보배요,
　　해와 달이 밝은 것이 아니라 성현의 지혜가 밝은 것이다.

《한 울안 한 이치에》

여천지합기덕(與天地合其德)

> "영주(靈呪)는 천(天)의 체(體)와 합하자는 것이요, **여천지합기덕 여일월합기명 여사시합기서 여귀신합기길흉**(與天地合其德 與日月合其明 與四時合其序 與鬼神合其吉凶)은 천의 용(用)을 말한 것이다. 그리고 **여귀신합기길흉**은 길흉을 초월하자는 것이다."
>
> 《한 울안 한 이치에》 일원의 진리 46장

與天地合其德　　與日月合其明
여천지합기덕　　여일월합기명

與四時合其序　　與鬼神合其吉凶
여사시합기서　　여귀신합기길흉

● 단어 · 숙어 ●

- **與(여)** : 더불어 · 주다 · 참여하다
- **序(서)** : 차례
- **鬼(귀)** : 귀신
- **神(신)** : 귀신 · 혼
- **吉(길)** : 좋다 · 길하다
- **凶(흉)** : 흉하다 · 재앙

- **四時(사시)** : 한 해 봄·여름·가을·겨울의 네 철. 사계(四季). 사서(四序).
- **鬼神(귀신)** : 사람이 죽은 뒤에 있다고 하는 넋.
  사람에게 복(福)과 화(禍)를 준다고 하는 정령(精靈).

천지와 그 덕을 합하고, 일월과 그 밝음을 합하고,
사시와 그 순서를 합하고, 귀신과 그 길흉을 합한다.

● 註 ●

· 영주(靈呪) : 앞에 있음.(76쪽)

◉ 대종사 그 날(원기원년 4월 28일) 조반후, 이웃에 사는 몇몇 마을 사람이 동학의 《동경대전(東經大全)》을 가지고 서로 언론(言論)하는 중, 특히 '오유영부 기명선약 기형태극 우형궁궁(吾有靈府其名仙藥其形太極又形弓弓)'이란 귀절로 논란함을 들으시매, 문득 그 뜻이 해석되는지라, 대종사 내심에 대단히 신기하게 여기시었다. 얼마후, 또한 유학자 두 사람이 지나다가 뜰 앞에 잠깐 쉬어 가는 중, 《주역》에 대인 여천지합기덕 여일월합기명 여사시합기서 여귀신합기길흉(大人 與天地合其德 與日月合其明 與四時合其序 與鬼神合其吉凶)'이라는 구절을 가지고 서로 언론함을 들으시매, 그 뜻이 또한 환히 해석되시었다.

이에 더욱 이상히 여기시어 '이것이 아마 마음 밝아지는 증거가 아닌가' 하시고, 전날에 생각하시던 모든 의두를 차례로 연마해 보신즉, 모두 한 생각에 넘지 아니하여, 드디어 대각을 이루시었다.

《원불교교사》

◉ 夫大人者는 與天地合其德하며 與日月合其明하며 與四時合其序하며 與鬼神合其吉凶하야 先天而天不違하며 後天而奉天時하나니 天且弗違온 而況於人乎며 況於鬼神乎아.
(무릇, 대인은 천지와 더불어 그 덕이 합치하고, 해와 달로 더불어 그 밝음이 일치하고, 사계절과 더불어 그 순서를 같이하고, 귀신과 더불어 그 길흉을 합일한다. 선천에도 천도에 어그러짐이 없으며 후천에도 하늘을 받드나니, 하물며 사람이나 귀신이 이에 어긋남이 있을 수 있겠는가.)

《주역》 건위천 문언전(乾爲天 文言傳)

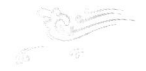

각어만법귀일 (覺於萬法歸一)

> "견성에 세 가지 단계가 있으니, **만법이 하나로 돌아간 자리를 깨치는것이요**(覺於萬法歸一), 있고 없음이 함께 빈 자리를 깨치는 것이며(覺於有無俱空), 있고 없음이 두루 갖춘 자리를 깨치는 것이다(覺於能有能無)."
>
> 《한 울안 한 이치에》일원의 진리 76장

覺於萬法歸一
각 어 만 법 귀 일

覺於有無俱空
각 어 유 무 구 공

覺於能有能無
각 어 능 유 능 무

◉ 단어 · 숙어 ◉

- 覺(각) : 깨닫다
- 於(어) : 어조사(~에 대하여)
- 俱(구) : 함께 · 갖추다
- 空(공) : 비다
- 能(능) : 능하다 · 능히

· **萬法(만법)** : ①모든 법률이나 규칙.
　　　　　　　②〔佛〕우주의 모든 존재. 제법(諸法).
· **萬法歸一(만법귀일)** : 〔佛〕모든 것이 마침내는 한 군데로 돌아간다는 뜻임.

만법이 하나로 돌아간 자리를 깨치는 것이요,
있고 없음이 함께 빈 자리를 깨치는 것이며,
있고 없음이 두로 갖춘 자리를 깨치는 것이다.

《한 울안 한 이치에》

· **견성(見性)** : 천지만물의 시종본말과 인간의 생노병사 이치와 인과보응의 이치를 아는 것. 본래 그대로의 자기 본성을 보는 것.

수어선악분별(修於善惡分別)

> "수행에 세 가지 단계가 있으니, **선과 악을 분별하는 것이요**(修於善惡分別), 선과 악을 포용하는 것이며(修於善惡俱空), 선과 악을 능히 제도하는 것이다(修於能善能惡)."
>
> 《한 울안 한 이치에》 일원의 진리 77장

修於善惡分別
　수 어 선 악 분 별

修於善惡俱空
　수 어 선 악 구 공

修於能善能惡
　수 어 능 선 능 악

● 단어 · 숙어

- 別(별) : 나누다
- 俱(구) : 함께 · 갖추다
- 能(능) : 능하다 · 능히

- 分別(분별) : 종류에 따라 나누어 가름.
- 俱空(구공) : 유와 무가 텅비어 있음.

선과 악을 분별하는 것이요,
선과 악을 포용하는 것이요,
선과 악을 능히 제도하는 것이다. 《한 울안 한 이치에》

선악 분별을 닦고,
선악이 구공함을 닦고,
능히 선하고 능히 악함을 닦는다.

여산연우절강조
(廬山烟雨浙江潮)

> 장성진(張聖鎭)이 여쭈었다. "견성이 무엇입니까?" "옛날 소동파의 시에 '廬山烟雨浙江潮 未見千般恨不消 到得歸來無別事 廬山烟雨浙江潮' 라 하였다." 번역하면 '여산의 저녁 경치 절강의 조수 풍경, 보지 못해서는 천 가지 한이 사라지지 않더니, 얻어 보고 돌아오니, 여산의 저녁 경치요 절강의 조수 풍경일레.'
>
> 《한 울안 한 이치에》지혜단련 3장

廬山烟雨浙江潮
여 산 연 우 절 강 조

未見千般恨不消
미 견 천 반 한 불 소

到得歸來無別事
도 득 귀 래 무 별 사

廬山烟雨浙江潮
여 산 연 우 절 강 조

● 단어 · 숙어

· 廬(려) : 오두막집
· 烟(연) : 연기(=煙)
· 浙(절) : 강 이름 · 지명

- 潮(조) : 조수 · 밀려들어 왔다 나가는 바닷물
- 般(반) : 무리 · 종류 · 돌다 · 옮기다
- 恨(한) : 한하다
- 消(소) : 사라지다
- 到(도) : 이르다
- 歸(귀) : 돌아가다 · 돌려보내다

- 廬山(여산) : 중국의 강서성 구강현 남쪽에 있는 명산으로 현재의 심양 곧 강주에 있다. 예로부터 고승 · 문인들이 많이 찾던 명승지로 예전에 광속(匡俗)이란 사람의 일곱형제가 여차산(廬此山)에 집을 지었기에 이름이 여산(廬山)또는 광산(匡山)이라 하였다.
- 煙雨(연우) : 이슬비. 가랑비. 세우(細雨).
- 浙江(절강) : 중국의 절강성을 동북으로 흘러 항주만으로 흐르는 강으로 경치가 아름답다. 전당강(錢塘江)의 옛 이름이다.
- 千般(천반) : 가지가지. 색색. 각양각색.

여산의 저녁 경치 절강의 조수 풍경,
보지 못해서는 천 가지 한이 사라지지 않더니,
얻어보고 돌아오니,
여산의 저녁 경치 절강의 조수 풍경일레.　《한 울안 한 이치에》

여산의 안개와 절강의 조수
보지 못해서 천가지 한이 남았더니,

가서보고 돌아오니

그저 그대로 여산연우 절강조더라 (특별한 풍경 아니네).

● 註 ●

- **장성진(張聖鎭 1924~)** : 법호는 무산(毋山). 전라남도 영광에서 태어나 원기25년에 원불교에 입교하여 원기38년에 출가하였다. 이리보육원 교사, 원평·정읍·화해교당 등 교무와 동산선원 교무·중앙훈련원 교감·상주 선원장 등을 역임하였다. 저서로《대도론》이 있다.

- **소동파(蘇東坡 1036~1101)** : 중국 송나라 때의 시인·정치가·유학자로 이름을 떨쳤지만 불교에도 조예가 깊어 견성(見性)의 경지에 이르렀다고 한다. 그의 시는 철학적인 요소가 짙은 철리시(哲理詩)가 많고, 〈적벽부(赤壁賦)〉는 불후의 명작으로 널리 알려져 있다.

미혜미혜종념미
(美兮美兮終念美)

> 돌아오는 세상을 글로써 예시하셨다.
>
> '美兮美兮終念美 蘇兮蘇兮終念蘇 美蘇兩力相對立 太陽中天通光明' 번역하면 '미국의 미국됨이여 마침내 미국을 생각하고, 소련의 소련됨이여 끝까지 소련을 위한다. 미소의 두 힘이 서로 상대하여 버티나, 태양이 중천에 오르면 밝은 세계 되리라.'
>
> 《한 울안 한 이치에》 돌아오는 세상 14장

美兮美兮終念美　蘇兮蘇兮終念蘇
미 혜 미 혜 종 념 미　소 혜 소 혜 종 념 소

美蘇兩力相對立　太陽中天通光明
미 소 양 력 상 대 립　태 양 중 천 통 광 명

● 단어·숙어 ●

- **美(미)** : 미국·아름답다
- **兮(혜)** : 어조사
- **終(종)** : 끝나다·마치다
- **蘇(소)** : 깨어나다·풀·구 소련(러시아)

· **對(대)** : 대하다 · 대답하다
· **陽(양)** : 볕 · 햇빛

· **兩力(양력)** : 동서 냉전시대 미국과 러시아(구소련) 두 나라의 힘(세력).

미국의 미국됨이여 마침내 미국을 생각하고,
소련의 소련됨이여 끝까지 소련을 위한다.
미소의 두 힘이 서로 상대하여 버티나,
태양이 중천에 오르면 (미 · 소가 화해하는)
밝은 세계 되리라.   《한 울안 한 이치에》

천용우로지박(天用雨露之薄)

> 6·25 때 총부 대각전 법신불 앞에서 주문을 많이 외우셨다.
> "天用雨露之薄 則必有萬方之怨이요 地用水土之薄 則必有萬物之怨이요 人用德和之薄 則必有萬事之怨이요 天用地用人用이 統在於心이라. 心也者는 鬼神之樞機也며 門戶也며 道路也니 開閉樞機 出入門戶 往來道路神이 或有善 或有惡하니 善者는 師之하고 惡者는 改之하면 吾心之 樞機 門戶 道路가 大於天地니라."
>
> 《한울안 한 이치에》 돌아오는 세상 45장

天用雨露之薄 則必有萬方之怨이요
천 용 우 로 지 박   즉 필 유 만 방 지 원

地用水土之薄 則必有萬物之怨이요
지 용 수 토 지 박   즉 필 유 만 물 지 원

人用德和之薄 則必有萬事之怨이요
인 용 덕 화 지 박   즉 필 유 만 사 지 원

天用地用人用이 **統在於心**이라.
천 용 지 용 인 용   통 재 어 심

心也者는 鬼神之樞機也며
심야자 귀신지추기야

門戶也며 道路也니
문호야 도로야

開閉樞機 出入門戶 往來道路神이
개폐추기 출입문호 왕래도로신

或有善 或有惡하니
혹유선 혹유악

善者는 師之하고 惡者는 改之하면
선자 사지 악자 개지

吾心之 樞機 門戶 道路가 大於天地니라.
오심지 추기 문호 도로 대어천지

● 단어·숙어 ●

- 露(로) : 이슬·젖다·드러내다
- 怨(원) : 원망하다
- 鬼(귀) : 귀신
- 機(기) : 베틀·기계
- 閉(폐) : 닫다
- 神(신) : 귀신·불가사의한것

- 薄(박) : 엷다
- 統(통) : 거느리다
- 樞(추) : 문지도리·근본·한가운데
- 戶(호) : 지게·외짝문
- 或(혹) : 혹
- 改(개) : 고치다

- 萬方(만방) : 만국(萬國). 여러 나라. 많은 나라.
- 德和(덕화) : 덕을 베풀고 모두가 화목하게 지냄.
- 樞機(추기) : 사물의 가장 중요한 부분.
- 門戶(문호) : 문과 지게(외짝문). 드나드는 문. 출입구.

하늘이 우로를 적게 베풀면
반드시 만방의 원망이 있을 것이요,
땅이 물과 흙이 부족한즉
반드시 만물의 원망이 있을 것이요,
사람이 덕화가 부족한즉
반드시 모든 일에 원망이 있을 것이요,
하늘과 땅과 사람의 씀은 모두 마음에 있느니라.
마음이라는 것은 귀신의 중심이요 문이며 도로니,
추기를 개폐하고 문을 드나들고 도로를 왕래하는 신이
혹 선함이 있고 혹 악함이 있으니
선한 것은 스승 삼고 악한 것은 고치면
내 마음의 추기 문호 도로가 큰 천지보다 크다.

● 註 ●

- **총부 대각전 :** 원불교에서 처음 대집회장으로 지은 현대식 건물이다. 원기19년 정기총대회에서 기념관 건축안이 발의되어 원기20년에 건축되었다. 대각전 전면 중앙에 신앙의 대상과 수행의 표본인 일원상을 최초로 정식 봉안하였다.

천지무심성화(天地無心成化)

> 정성숙에게 글을 주셨다.
> '天地無心成化 聖人有心無爲'
> 번역하면, '천지는 마음이 없으나 소소 영령하게 만물을 화육하고, 성인은 마음이 있으나 무위이화로 중생을 제도한다.'
> '鐵柱中心 石壁外面 和而不流 永保其眞'
> 번역하면 '철주의 중심을 세우고 석벽의 외면을 갖추라, 화하여도 속되지 않고 영원히 참 마음을 보존하라.'
>
> 《한 울안 한 이치에》 기연따라 주신 법문 12장

天地無心成化　聖人有心無爲
천지무심성화　성인유심무위

鐵柱中心　石壁外面
철주중심　석벽외면

和而不流　永保其眞
화이불류　영보기진

● 단어 · 숙어 ●

- 鐵(철) : 쇠 · 기둥
- 壁(벽) : 벽
- 永(영) : 길다
- 柱(주) : 기둥
- 流(류) : 흐르다
- 保(보) : 지키다 · 보호하다

- 無爲(무위) : 인위적으로 하지 않아도 저절로 변화함. 무위이화(無爲而化).
- 鐵柱(철주) : 쇠로 만든 기둥.
- 石壁(석벽) : 돌을 쌓아 올려 만든 벽.

천지는 마음이 없으나 소소영령하게 만물을 화육하고,
성인은 마음이 있으나 무위이화로 중생을 제도한다.
철주의 중심을 세우고 석벽의 외면을 갖추라,
화하여도 속되지 않고 영원히 참 마음을 보전하라.

《한 울안 한 이치에》

천지는 무심하나 화육을 이루고
성인은 유심하나 함이 없다.
철주같은 중심을 갖고 석벽같은 외면을 가지라,
어울려도 물들지 않아야 길이 그 참을 간직하리라.

● 註 ●

- 정성숙(丁盛熟 1922~1999) : 법호는 헌타원(憲陀圓).
전라북도 익산에서 태어나 원기27년에 전무출신하였다. 그 후 원기41년부터 32년간을 원광여자중 · 고등학교의 발전을 위해 혼신의 노력을 다했다. 평지조산하듯 신성(信誠)과 공심(公心)만으로 여성교육기관의 개척자로 살아왔다. 대봉도의 법훈을 서훈받았다.

입홍서원(立弘誓願)

> 새해를 맞이하여 박은국(朴恩局)에게 글을 주시었다.
>
> '立弘誓願 倍加精進 一心之力 能破萬難 新年之新 日新月新'
>
> 번역하면 '큰 서원을 세우고 정진을 배가하라, 일심의 위력은 만난을 능히 돌파하리라, 새해의 새로움은 날로 새롭고 달로 새로울진저.'
>
> '道氣長存 外境不動 一心淸淨 萬事平安'
>
> 번역하면 '도기를 오래 갊으면 외경에 흔들리지 않고, 일심이 청정하면 만사가 평안하리라.'
>
> 《한 울안 한 이치에》 기연따라 주신 법문 13장

立弘誓願 倍加精進
입 홍 서 원　배 가 정 진

一心之力 能破萬難
일 심 지 력　능 파 만 난

新年之新 日新月新
신 년 지 신　일 신 월 신

道氣長存 外境不動
도 기 장 존　외 경 부 동

一心淸淨　萬事平安
일 심 청 정　만 사 평 안

● 단어 · 숙어 ●

- 弘(홍) : 넓다 · 크다
- 加(가) : 더하다
- 破(파) : 깨뜨리다
- 氣(기) : 기운
- 倍(배) : 곱 · 갑절
- 精(정) : 자세하다 · 쌀을 찧다
- 難(난) : 어렵다 · 난리
- 境(경) : 지경 · 곳 · 장소

- 倍加(배가) : 두 배(곱절)로 증가시키다.
- 精進(정진) : 어떤 일에 꼼꼼히 힘써 나아가다.
- 道氣(도기) : 도를 닦으며 쌓은(연마한) 정신 기운.

큰 서원을 세우고 정진을 배가하라,

일심의 위력은 만난을 능히 돌파하리라,

새해의 새로움은 날로 새롭고 달로 새로울진저.

도기를 오래 닦으면 외경에 흔들리지 않고

일심이 청정하면 만사가 평안하리라.

《한 울안 한 이치에》

● 註 ●

- 《정산종사 법어》경의편 64장 참조.(97쪽)

- 박은국(朴恩局 1923~ 　) : 법호는 향타원(香陀圓).
  전라남도 장성에서 태어나 원기25년에 출가하여 유일학림 1기생으로 수학하고 운봉 · 초량 · 신촌 · 청주교당 교무를 거쳐 서울 · 부산 서부 교구장을 역임하면서 일선교화에 힘썼다. 법위는 출가위로 종사의 법훈을 서훈받았다.

대인(大人)

> 박제권(朴濟權)에게 글을 주시었다.
> '大人 浩而中正 和而不流'
> 번역하면 '대인은 너그럽되 중정을 잡고 화하되 세속에 흐르지 않는다.'
> 《한 울안 한 이치에》 기연따라 주신 법문 14장

大人　浩而中正　和而不流
　대인　호이중정　　화이불류

◉ 단어 · 숙어

· 浩(호) : 넓다 · 크다
· 流(류) : 흐르다 · 빠지다

· 中正(중정) : 중심과 옳바름.

대인은 너그럽되 중정을 잡고 화하되 세속에 흐르지 않는다.
《한 울안 한 이치에》

◉ 註

· 박제권 : 앞에 있음.(169쪽)

입지여산(立志如山)

> 박성경(朴性敬)에게 글을 주시었다.
> '立志如山 佛果可期 精進不退 修行漸長 信義一貫 人天所認 勤勤孜孜 福利衆生'
> 번역하면 '뜻을 세움이 태산 같으면 불과를 가히 기약할 것이요, 정진하고 퇴전치 않으면 삼대력이 점점 커나리라. 신의가 일관하면 사람과 하늘의 인증을 받을 것이요, 부지런히 제도사업하면 중생을 복되게 하리라.'
>
> 《한 울안 한 이치에》 기연따라 주신 법문 15장

立志如山 佛果可期
입지여산 불과가기

精進不退 修行漸長
정진불퇴 수행점장

信義一貫 人天所認
신의일관 인천소인

勤勤孜孜 福利衆生
근근자자 복리중생

● 단어 · 숙어 ●

- 志(지) : 뜻 · 마음
- 退(퇴) : 물러나다
- 貫(관) : 꿰다 · 꿰뚫다
- 識(식) : 알다 · 인식하다 · 인정하다
- 勤(근) : 부지런하다
- 期(기) : 기약하다 · 만나다
- 漸(점) : 점점 · 차차
- 孜(자) : 힘쓰다

- 佛果(불과) : 불교에 귀의하여 불도 수행(佛道修行)함으로써 얻는 좋은 결과. 성불(成佛)의 증과(證果).
- 勤勤孜孜(근근자자) : 썩 부지런하고 충실하며 정성스러움.
  ← 근근은 부지런함.

뜻을 세움이 태산 같으면 불과를 가히 기약할 것이요,
정진하고 퇴전치 않으면 삼대력이 점점 커나리라.
신의가 일관하면 사람과 하늘의 인증을 받을 것이요,
부지런히 제도 사업하면 중생을 복되게 하리라.

《한 울안 한 이치에》

● 註 ●

- 박성경(朴性敬 1928 ~) : 법호는 숭타원(崇陀圓).
  전라남도 영광에서 태어나 원기27년에 출가하여 유일학림을 졸업하고 당리 · 동래 · 광주교당 교무를 거쳐 대전 교구장 등으로 교화에 헌신하였다. 대봉도의 법훈을 서훈받았다.

지병망병병자멸
(知病忘病病自滅)

> 박은섭(朴恩燮)이 병을 치료하고 있을 때 글을 주시었다. '知病忘病病自滅 治病安病病自治' 번역하면 '**병을 알면서도 병을 잊으면 병이 스스로 없어지고 병을 나으려 하면서 마음을 편히 가지면 병은 자연히 물러가리라.**'
>
> 《한 울안 한 이치에》 기연따라 주신 말씀 16장

知病忘病病自滅　　治病安病病自治
지 병 망 병 병 자 멸　　치 병 안 병 병 자 치

● 단어 · 숙어 ●

- 病(병) : 병 · 아프다 · 괴로워하다 · 괴롭히다
- 滅(멸) : 멸망하다 · 죽다 · 없어지다
- 治(치) : 다스리다 · 다스려지다

병을 알면서도 병을 잊으면
병이 스스로 없어지고,

병을 나으려 하면서 마음을 편히 가지면
병은 자연히 물러가리라.　《한 울안 한 이치에》

병증을 확실히 알고 병을 잊는다면
병은 저절로 소멸되고,
병증을 다스리면서 병에 편안하면
병은 스스로 나아지게 되는 것이다.

◉註◉
· 박은섭(朴恩燮 1924~　) : 법호는 홍타원(弘陀圓).
전라북도 전주에서 태어나 원기26년 외조모인 김정각 선생의 인도로 소태산 대종사를 뵙고 원기28년 출가하였다. 초량·다대교당 교무를 거쳐 교화의 낙후지였던 제주교구장으로 부임하여 순교자적인 자세로 제주교화를 일으키고 국제교화의 발판을 다졌다. 대봉도의 법훈을 서훈받았다.

도철덕지(道天德地)

이현일(李玄一)의 일언첩에 써 주시었다.

'道天德地 化凡節 無爲化 自然 四通五達 而能濟首尾 是名大道 亦曰大德也' 번역하면 '천도와 지덕으로 범절을 삼고 상없이 본래대로 두루 대하면 위아래 당하는 대로 능히 제도하리니 이를 대도라 하며 또한 대덕이라 이름하리라.'

'緩急得道' 번역하면 '완하고 급하기를 절도에 맞게 하라.'

《한 울안 한 이치에》 기연따라 주신 말씀 17장

道天德地　化凡節
도천덕지　　화범절

無爲化　自然
무위화　　자연

四通五達　而能濟首尾
사통오달　　이능제수미

是名大道　亦曰大德也
시명대도　　역왈대덕야

緩急得道
완 급 득 도

● 단어 · 숙어 ●

- 凡(범) : 무릇 · 모두 · 합계 · 보통
- 節(절) : 마디 · 절개 · 규칙
- 然(연) : 그러다 · 그리하여 · 그러하다면
- 通(통) : 통하다 · 통하게 하다 · 통달
- 達(달) : 통하다 · 통하게 하다 · 통달
- 濟(제) : 건너다 · 건지다 · 이루다
- 尾(미) : 꼬리 · 뒤
- 緩(완) : 느리다 · 늦추다 · 늘어지다
- 急(급) : 급하다 · 서두르다 · 갑자기

- 道天(도천) : 천지자연의 도리,〔佛〕색계 · 욕계 · 무색계를 통털어 하는 말. 천도와 같은 말.
- 凡節(범절) : 법도에 맞는 모든 질서와 절차, 모든 행사.
- 首尾(수미) : 사물의 머리와 꼬리, 일의 시작과 끝 = 수말(首末).

천도와 지덕으로 범절을 삼고
상없이 본래 두루 대하면
위아래 당하는 대로 능히 제도하리니
이를 대도라 하며 또한 대덕이라 이름하리라.

완하고 급하기를 절도에 맞게 하라.　　《한 울안 한 이치에》

천도와 지덕으로 범절을 삼고
무위자연으로 교화하면
사통오달하여 능히 수미(首尾)를 모두 제도하리니
이를 대도라 이름하며 또한 대덕이라 이른다.

· **일언첩(一言帖)** : 앞에 있음. (152쪽)

불법대해(佛法大海)

> 김서업(金瑞業)에게 글을 주시었다.
> '佛法大海 信爲能入' 번역하면 '부처님의 큰 법바다에는 믿음으로써 능히 들어갈 수 있다.'
> '信爲百行源' 번역하면 '믿음은 모든 수행의 근본이 된다.'
>
> 《한 울안 한 이치에》 기연따라 주신 말씀 18장

佛法大海　　信爲能入
불 법 대 해　　신 위 능 입

信爲百行源
신 위 백 행 원

● 단어·숙어

· 海(해) : 바다 · 바닷물

부처님의 큰 법바다에는 믿음으로써 능히 들어갈 수 있다.
믿음은 모든 수행의 근본이 된다.

《한 울안 한 이치에》

● 註 ●

· 김서업(金瑞業) : 전라남도 영광에서 태어나 원기26년 전무출신
하여 총부 공양원으로 근무했다. 소태산 대종사의 식사며 약달이는 일을
담당하던 김서업은 소태산 대종사의 열반소식을 듣고 그 자리에서 졸도하
였다. 유일학림 제 1기로 입학, 수학하던 중 오해가 생겨 누명을 받으며 살
수 없다하여 수덕사에 입산삭발하였다. 그후 전무출신의 길을 걷지 않으면
서도 홍성 · 서산 등지에서 70여명을 입교시키는가 하면 한정원 · 류기현을
전무출신으로 인도하였다.

삼난지신(三難之身)

교도들에게 다음 글을 주시었다.

'三難之身이 幸莫幸焉이요 三世之觀이 幸莫幸焉이요, 三學之修가 幸莫幸焉이라. 故로 修此道者는 心境이 蕩蕩에 無有罣礙하고 志氣가 崟崟에 無有此侶하여 瑞日이 光明於希望之峰하고 極樂이 自在無邪之鄕이니라.'
번역하면 '삼난을 돌파하고 이 몸을 받은 것이 무엇보다 다행하고, 삼세 있는 줄을 아는 것이 무엇보다 다행하고, 삼학 수행 하는 것이 무엇보다 다행하다. 그러므로, 이 도를 닦는 사람은 그 심경이 크고 커서 걸림이 없고, 뜻이 높고 높아서 이에 견줄 것이 없으니 서광이 희망봉에 비치고 극락이 사없는 마음고향에 자재한다.'

《한 울안 한 이치에》기연따라 주신 법문 22장

三難之身이 幸莫幸焉이요
삼 난 지 신   행 막 행 언

三世之觀이 幸莫幸焉이요,
삼 세 지 관   행 막 행 언

三學之修가 幸莫幸焉이라.
삼 학 지 수　　 행 막 행 언

故로 修此道者는
고　　 수 차 도 자

心境이 蕩蕩에 無有罣礙하고
심 경　　 탕 탕　　 무 유 괘 애

志氣가 崟崟에 無有此侶하여
지 기　　 위 위　　 무 유 차 려

瑞日이 光明於希望之峰하고
서 일　　 광 명 어 희 망 지 봉

極樂이 自在無邪之鄕이니라.
극 락　　 자 재 무 사 지 향

● 단어 · 숙어 ●

- **難(난)** : 어렵다
- **莫(막)** : 없다
- **觀(관)** : 보다
- **蕩(탕)** : 쓸어버리다 · 넓고 크다 · 방탕하다
- **罣(괘)** : 걸다 · 걸리다 · 거리끼다
- **礙(애)** : 거리끼다 · 막다 · 방해하다
- **崟(위)** : 산이 높다
- **侶(려)** : 짝 · 벗하다
- **瑞(서)** : 상서롭다
- **望(망)** : 바라다
- **峰(봉)** : 봉우리(≒峯)
- **極(극)** : 다하다 · 지극하다
- **鄕(향)** : 시골 · 고향

- **三難(삼난)** : 인간에게 매우 어려운 일 세 가지. 인간으로 태어나기 어렵고, 불법을 만나기 어렵고, 불법을 만났으나 제도받기 어렵다. 삼악도(지옥도·축생도·아귀도).
- **三世(삼세)** : 과거·현재·미래. 전세·현세·내세.
- **三學(삼학)** : 정신수양·사리연구·작업취사.
- **蕩蕩(탕탕)** : 썩 넓고 큰 모양. 넓고 아득한 모양.

삼난을 돌파하고 이 몸을 받은 것이 무엇보다 다행하고,
삼세 있는 줄을 아는 것이 무엇보다 다행하고,
삼학 수행하는 것이 무엇보다 다행하다.
그러므로, 이 도를 닦는 사람은
그 심경이 크고 커서 걸림이 없고,
뜻이 높고 높아서 이에 견줄 것이 없으니
서광이 희망봉에 비치고
극락이 사 없는 마음 고향에 극락이 자재한다.

《한 울안 한 이치에》

심진화만상(心眞和萬像)

> 글을 쓰시었다. '心眞和萬像 氣正通九天'
> 번역하면 '마음이 참되면 만상이 화하고, 기운이 바르면 구천에 통한다'
>
> 《한 울안 한 이치에》 기연따라 주신 법문 23장

心眞和萬像　氣正通九天
심 진 화 만 상　　기 정 통 구 천

● 단어 · 숙어 ●

- 像(상) : 형상 · 닮다
- 通(통) : 통하다

- 萬像(만상) : 온갖 물건의 형상.
- 九天(구천) : 높고 높은 하늘.

마음이 참되면 만상이 화하고,
기운이 바르면 구천에 통한다.　《한 울안 한 이치에》

대관여수(大觀如水)

> 글을 쓰시었다. '大觀如水 能通八方'
> 번역하면 '물의 덕을 본받으면, 능히 사통 오달 하리라.'
>
> 《한 울안 한 이치에》 기연따라 주신 법문 24장

大觀如水　能通八方
대 관 여 수　능 통 팔 방

● 단어 · 숙어 ●

- **觀(관)** : 보다
- **如(여)** : 같다
- **能(능)** : 능하다 · 능히

- **八方(팔방)** : 사방(四方)과 사우(四隅) 곧 동 · 서 · 남 · 북 · 북동 · 남동 북서 · 남서의 여덟 방위. 모든 방면. 이곳 저곳.

물의 덕을 본받으면, 능히 사통 오달 하리라. 《한 울안 한 이치에》

크게 보는 것을 물처럼 하면, 능히 팔방으로 통하리라.

불식지위성(不息之爲誠)

> 글을 쓰시었다. '不息之爲誠 如四時行焉 日月明焉' 번역하면 '쉬지 않는 것이 정성이니 사시가 순환하고 일월이 밝은 것 같다.'
>
> 《한 울안 한 이치에》 기연따라 주신 법문 25장

不息之爲誠　如四時行焉　日月明焉
불 식 지 위 성　여 사 시 행 언　일 월 명 언

● 단어 · 숙어 ●

· 息(식) : 숨쉬다　　　· 誠(성) : 정성

· 四時(사시) : 봄 · 여름 · 가을 · 겨울. 사계(四季).
· 日月(일월) : 해와 달.

쉬지 않는 것이 정성이니,
사시가 순환하고 일월이 밝은 것 같다.　　《한 울안 한 이치에》

쉬지 않는 것을 정성이라고 하니,
사시가 순환하는 것 같고, 해와 달이 밝은 것과 같다.

정리건곤대(靜裡乾坤大)

> 소강절(邵康節)의 글을 일러 주시었다.
> '靜裡乾坤大 閑中日月長'
> 번역하면 '고요한 속에는 천지가 크고, 한가한 가운데에 세월이 길더라.'
>
> 《한 울안 한 이치에》 기연따라 주신 법문 26장

靜裡乾坤大　閑中日月長
　정 리 건 곤 대　　한 중 일 월 장

◉ 단어·숙어 ◉

- 靜(정) : 고요하다
- 裡(리) : 속(=裏)
- 乾(건) : 하늘
- 坤(곤) : 땅
- 閑(한) : 막다. 한가하다

- 乾坤(건곤) : 하늘과 땅. 천지(天地).
- 日月(일월) : 해와 달. 시간. 세월.

고요한 속에는 천지가 크고,
한가한 가운데에 세월이 길더라. 《한 울안 한 이치에》

고요한 것은 천지가 가장 고요하고,
한가한 것은 일월이 가장 한가하다.

●註●

· **소강절(邵康節 1011~1077)** : 중국 송나라때의 학자이며 시인이다. 그는 벼슬을 사양하고 일생동안 낙양에 숨어서 학자로 살았다. 도가의 사상에서 영향받고 유교의 역철학(易哲學)을 발전시켜 신비적인 수리철학을 만들었다.《황극경세서》《격양집》등 저서가 있으며 후세에 많은 영향을 주었다.

산불이 속속이산
(山不離俗俗離山)

옛글 두 수를 일러 주시었다.
 '山不離俗俗離山 道不遠人人遠道'
 번역하면 '산이 세속을 여윈 것이 아니라 세속이 산을 여의고, 도가 사람을 멀리함이 아니라 사람이 도를 멀리한다.'
 '山積千秋氣 水流萬古心'
 번역하면 '우뚝 솟은 산은 부처님의 몸이요, 유유히 흐르는 물은 부처님의 마음일세.'

《한 울안 한 이치에》 기연따라 주신 법문 27장

山不離俗俗離山　道不遠人人遠道
산 불 리 속 속 이 산　도 불 원 인 인 원 도

山積千秋氣　水流萬古心
산 적 천 추 기　수 류 만 고 심

● 단어·숙어 ●
· 離(리) : 떠나다
· 俗(속) : 풍속·속되다
· 遠(원) : 멀다

- 積(적) : 쌓다
- 秋(추) : 가을·때
- 氣(기) : 기운

- 山積(산적) : 산더미 같이 많이 쌓음.
- 千秋(천추) : 오래고 긴 세월.
- 萬古(만고) : 매우 오랜 옛적. 오랜 세월을 통하여.
　　　　　　세상에 다시 그 유례가 없는.

　　산이 세속을 여읜 것이 아니라 세속이 산을 여의고,
　　도가 사람을 멀리함이 아니라 사람이 도를 멀리한다.

　　우뚝 솟은 산은 부처님의 몸이요,
　　유유히 흐르는 물은 부처님의 마음일세.

《한 울안 한 이치에》

　　속세가 산을 떠나고
　　사람이 도를 멀리한다.

　　산에는 천추의 기운이 쌓여있고
　　물에는 만고의 마음이 흐르고 있다.

성가지자 (成家之子)

> "집을 이루려는 사람은 변을 금같이 아끼고, 집을 망치려는 사람은 돈을 물같이 쓴다.(成家之子 惜糞如金 敗家之子 用錢如水)하였으니, 창립주는 한푼이 아까운 줄 알아야 한다."
>
> 《한울안 한 이치에》 화합교단 10장

成家之子　惜糞如金
성 가 지 자　석 분 여 금

敗家之子　用錢如水
패 가 지 자　용 전 여 수

● 단어 · 숙어 ●

- 惜(석) : 아끼다 · 아까워하다 · 아깝다
- 糞(분) : 똥 · 변
- 金(금) : 쇠:(금속 · 철 · 돈 · 황금)
- 敗(패) : 깨뜨리다 · 무너지다 · 패하다
- 錢(전) : 돈

집을 이루는 사람은 변을 금같이 아끼고,
집을 망치려는 사람은 돈을 물같이 쓴다.　《한울안 한 이치에》

불탐야식금은기
(不貪夜識金銀氣)

> "내가 대종사님 뵙기 전 대원사에 머무를 때 주문을 외우고 있는데 어느날 밤 앞산에서 무슨 빛이 뜨는 것을 보았다. 지금 와서 생각하니 그것이 금빛인가 싶구나. 옛날 두보의 글에도 이런 글이 있다. '不貪夜識金銀氣 遠害朝觀麋鹿遊' 번역하면, 욕심이 없으니 밤에 금과 은의 기운을 알 수 있고, 해심을 멀리하니 아침에 사슴이 가까이 노는 것을 보겠도다."
>
> 《한 울안 한 이치에》 오직 한 길 2장

不貪夜識金銀氣　　遠害朝觀麋鹿遊
불 탐 야 식 금 은 기　　원 해 조 관 미 록 유

● 단어 · 숙어 ●

- **貪(탐)** : 탐내다
- **識(식)** : 알다
- **銀(은)** : 은
- **害(해)** : 해치다
- **觀(관)** : 볼, 보다
   ※ 觀이 원본 두보시에는 看으로 되어있음(看(간): 볼, 지켜봄)
- **麋(미)** : 큰 사슴 · 고라니

- 鹿(록) : 사슴
- 遊(유) : 놀다(≒游)

- 麋鹿(미록) : 고라니와 사슴.
- 金銀氣(금은기) : 패군(敗軍)과 패국(敗國)의 유허지(遺墟地)에 황금과 보물 등이 쌓여 있으면 그 위에 솟구쳐 오르는 기운이 있다고 함.《사기(史記)》천관서(天官書).
- 麋鹿遊(미록유) : 순(舜) 임금이 깊은 산골에 살 때, 사슴과 함께 놀았다고 함.《맹자(孟子)》.

욕심이 없으니 밤에 금과 은의 기운을 알 수 있고,
해심(害心)을 멀리하니
아침에 사슴이 가까이 노는 것을 보겠도다.

《한 울안 한 이치에》

◉ 註 ◉

- 대원사(大源寺) : 전라북도 완주군 구이면 모악산에 있는 절로 신라시대에 대원·일승·심정 등의 스님이 창건하여 나옹·진묵 스님이 한 때 수행하였다. 근세에는 강증산이 기도 끝에 1901년에 개안통령하였다. 정산종사가 소태산 대종사를 만나기 전 이 절에서 몇 달간 머물렀다.

- 두보(杜甫) : 중국 당 나라 때의 시인으로 이태백·고적 등과 시와 술을 나누며 교제하였으며, 현종에게 총애를 받았으나 안록산의 난으로 말년에는 빈곤하게 지냈다. 서사시에 뛰어나고 시격(詩格)이 엄정하고 귀범에 변화가 많아 후세에 본보기가 되었다.

題張氏隱居(제장씨은거)

春山無伴獨相求　伐木丁丁山更幽　澗道餘寒歷氷雪　石門斜日到林邱
춘산무반독상구　벌목정정산갱유　간도여한력빙설　석문사일도림구
不貪夜識金銀氣　遠害朝看麋鹿遊　乘興杳然迷出處　對君疑是泛虛舟
불탐야식금은기　원해조간미록유　승흥묘연미출처　대군의시범허주

張氏가 은거했던 곳에서

봄 산길 친구도 없이
혼자 나선다
나무 베는 소리에
산길은 더 적막하다.

시냇가에는 아직도 추위가 남아
얼어붙은 눈길을 밟는다
석문산에 해 저물어서야
언덕 위에 이르렀다.

탐심(貪心)이 없으면 밤에도
은금(銀金)의 기운을 알아챈다지
해칠 생각이 없기에
사슴떼 뛰노는 아침을 볼 수 있겠다.

솟아나는 이 흥겨움
출처를 알 길이 없다
그대가 바로 마음을 비운
물에 뜬 저 빈 배 아니던가.

(두보)

● 두보가 홀로 봄 산을 걸어서 장씨가 은거하는 곳을 찾아 가는데 쩡쩡 울리는 벌목 소리에 산의 정취는 그윽하기만 하다. 제1연에서는 은거하는 곳이 깊숙하고 아울러 벌목

편에 벗을 구하는 의의가 담겨 있음을 나타내 주고 있다.

제 2연에서 봄의 산인데도 시냇길이 아직 차갑다는 것은 얼음과 눈이 아직 녹지 않았기 때문이다. 두보는 얼음과 눈을 밟으면서 걸어간 것이다. 석문은 깊고 먼 곳이라서 저녁에야 도착할 수 있는데 두보가 숲 사이 언덕에 이르렀을 때는 바로 석양이 지려고 가물거리는 때였다.

제3연으로 이어지면서 장공을 찬미하고 있다. 탐욕이 없는 그는 밤중에도 땅속에서 피어 오르는 기운을 안다. 해로운 일을 멀리하고 몸을 온전히 지키던 그는 지난 날 부귀를 누렸던 집들이 어느 날 하루 아침 빈터가 된 곳에서 노는 모습을 본다. 어떤 사람은 이것이 해를 멀리하고 사슴들과 함께 논다는 뜻이라고 하는데 그처럼 해석할 수 있을 것이다.

제4연에서는 다음과 같이 끝맺고 있다. 두보가 잠시 흥겨워 이 곳을 찾았는데 문득 마음이 아득해지며 모든 것을 잊어버린 듯하였다. 그러나 그를 만나 함께 마주 앉았을 때 해를 멀리하고 탐욕이 없으며 명예와 이욕에 얽매이지 않는 그의 모습이 마치 임자 없는 배처럼 얽매임 없이 자유로이 왕래하고 있다는 것을 느끼게 되었다. 두보가 그를 마음 속 깊이 존경하고 탄복한 것이다.

전 4구는 은거한 곳에 찾아오는 것을 말하며 후 4구는 장공을 찬미하면서 탄복해 마지 않음을 보여준다.

《두보시의 이해》〈제장씨 은거〉

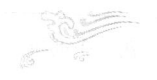

완전송추허부이당래사
(完田宋樞許付以當來事)

> 정산종사께서 이동진화(李東震華) 이성신에게 말씀하셨다.
> "법의대전(法義大全)에 '完田宋樞許付以當來事'라 한 구절이 있었노라."
>
> 《한 울안 한 이치에》 오직 한 길 7장

完田宋樞許付以當來事
완 전 송 추 허 부 이 당 래 사

● 단어·숙어 ●

- 完(완) : 완전하다
- 宋(송) : 송나라
- 樞(추) : 문지도리·근본·한 가운데(중앙)·천자의 자리·별 이름(북두칠성의 첫번째 별)
- 許(허) : 허락하다
- 付(부) : 주다·붙이다·청하다
- 當(당) : 마땅하다

- 完田(완전) : 앞으로 다가올 새 회상.

- **宋樞(송추)** : 정산 종사의 이름.
  정산종사는 야성(冶成)송씨의 후예로 이름은 도군(道君).
  자(字)는 명가(明可) 족보명은 홍욱(鴻昱)이다.
  뒤에 소태산 대종사를 만나 이름을 추(樞), 법명을 규(奎),
  법호를 정산(鼎山)으로 받았다.

완전한 당래사를 송추에게 허락하여 주도다.

완전한 송추에게 다가오는 일을 부촉하노라.

● 註 ●

- **이동진화(李東震華 1893〜1968)** : 법호는 육타원(六陀圓).
  경상남도 함양에서 태어나 이궁가(李宮家)의 한 종친의 소실로 있다가 원기 9년 소태산 대종사 처음으로 상경하여 경성출장소에 주재할 때 소태산 대종사를 만나 제자가 되었다. 원기 9년 만덕산 선(禪)에 참여하였고, 원기 18년 출가하였다. 그는 남녀 후진들의 세세한 정곡을 알뜰히 풀어주는 교단의 자애로운 어머니였다. 법위는 출가위로 종사의 법훈을 서훈 받았다.

- **이성신** : 앞에 있음.(118쪽)

- **법의대전(法義大全)** : 앞에 있음.(47쪽)